W0078763

TaschenGuides – alles, was Sie wissen müssen

Für alle, die wenig Zeit haben und erfahren wollen, worauf es ankommt. Für Einsteiger und für Profis, die ihre Kenntnisse rasch auffrischen wollen.

Sie sparen Zeit und können das Wissen effizient umsetzen:

Kompetente Autoren erklären jedes Thema aktuell, leicht verständlich und praxisnah.

In der Gliederung finden Sie die wichtigsten Fragen und Probleme aus der Praxis.

Das übersichtliche Layout ermöglicht es Ihnen sich rasch zu orientieren.

Anleitungen „Schritt für Schritt", Checklisten und hilfreiche Tipps bieten Ihnen das nötige Werkzeug für Ihre Arbeit

Als Schnelleinstieg die geeignete Arbeitsbasis für Gruppen in Organisationen und Betrieben.

Besuchen Sie uns im Internet: www.taschenguide.de

Hier finden Sie Arbeitsmittel zum Downloaden und können Ihre Meinung direkt an die TaschenGuide-Redaktion mailen.

Wir freuen uns auf Ihre Anregungen.

4

Inhalt

Vorwort

BWL – nur ein trockenes Studium für karrierebewusste Durchstarter? Nein, denn immer mehr Fachfremde *müssen* sich beruflich mit betriebswirtschaftlichen Zusammenhängen auseinander setzen. Schließlich kann es nicht nur peinlich werden, wenn man in einem Meeting mit Begriffen wie „Deckungsbeitrag", „Marketing-Mix" oder „Job Enlargement" so gar nichts anfangen kann. Auch der berufliche Erfolg hängt zunehmend von betriebswirtschaftlichen Kenntnissen und Fähigkeiten ab, ob als Abteilungsleiter, Produktmanager oder Teamleiter.

In diesem TaschenGuide erfahren Sie Grundlegendes über das Wirtschaften in Unternehmen: die wichtigsten betriebswirtschaftlichen Prinzipien, den Aufbau einer Unternehmung, die Aufgaben des Managements, Finanzen, Rechnungswesen und Controlling, Marketing und Marktforschung sowie Personalarbeit.

Zahlreiche Beispiele und Querverweise sowie ein ausführliches Stichwortverzeichnis helfen Ihnen, die Zusammenhänge zu verstehen und in die BWL einzusteigen.

Prof. Dr. Wolfgang Mentzel

Der Aufbau der Unternehmung

Die Unternehmung steht im Mittelpunkt der BWL:
Was passiert in einem Unternehmen, wie organisiert es sich? Welche Ziele werden verfolgt und
nach welchen Prinzipien wird gewirtschaftet?

Betriebswirtschaftslehre, Betrieb und Unternehmung

Die Betriebswirtschaftslehre (BWL) gehört zu den Wirtschaftswissenschaften. Wie andere Wissenschaftler ordnet auch der Betriebswirt seine Disziplin zunächst einmal ein und definiert dabei genauer, was er eigentlich erforscht oder lehrt.

Wie bei der Volkswirtschaftslehre geht es in der BWL um die Wirtschaft. Während die erstere allerdings vor allem die gesamtwirtschaftlichen Zusammenhänge untersucht, befasst sich die BWL bevorzugt mit dem Geschehen innerhalb der Betriebe, den Unternehmen.

Unternehmen sind vielschichtige Institutionen, in denen neben wirtschaftlichen auch technische, rechtliche, soziologische, psychologische und andere Probleme auftreten. Hiervon sind für die Betriebswirtschaftslehre allerdings nur die wirtschaftlichen Fragestellungen von Bedeutung. Die übrigen gehören zu anderen wissenschaftlichen Disziplinen und haben aus der Sicht der BWL den Charakter von Hilfswissenschaften (z. B. Rechtswissenschaften, Arbeitswissenschaft, Psychologie).

> ■ *Durch Abstraktion wird aus dem Erfahrungsobjekt Betrieb das Erkenntnisobjekt der BWL abgeleitet, nämlich die wirtschaftliche Seite des Betriebsgeschehens. Nur dieser isolierte Teilbereich bildet den eigentlichen Untersuchungsgegenstand der Betriebswirtschaftslehre.* ■

Ein Betrieb ist eine organisierte Wirtschaftseinheit, in der Sachgüter produziert oder Dienstleistungen bereitgestellt werden. Unabhängig vom jeweils gültigen Wirtschaftssystem – Markt- oder Planwirtschaft – gelten für alle Betriebe bestimmte Merkmale. Dazu zählen

- die Kombination von Produktionsfaktoren (siehe S. 13),

- das Prinzip der Wirtschaftlichkeit (siehe S. 14) und

- die Forderung nach finanziellem Gleichgewicht, d. h. die Fähigkeit des Betriebs, seinen Zahlungsverpflichtungen jederzeit nachkommen zu können (siehe S. 64).

Während „Betrieb" der allgemeine Begriff ist, bezeichnet man in der BWL Betriebe im Wirtschaftssystem der Marktwirtschaft als „Unternehmung" (nach Gutenberg). Die marktwirtschaftliche Unternehmung unterscheidet sich vom Betrieb der Planwirtschaft durch

- die Selbstbestimmung des Wirtschaftsplans aufgrund der Gegebenheiten des Marktes (Autonomieprinzip),

- das Prinzip des Privateigentums und

- die Gültigkeit des erwerbswirtschaftlichen Prinzips, das besagt, dass Unternehmungen ihre Entscheidungen unter Berücksichtigung aller Risiken auf Dauer so zu treffen haben, dass auf das investierte Kapital ein möglichst hoher Gewinn erzielt wird (Gewinnmaximierung).

▰ Der vorliegende TaschenGuide befasst sich ausschließlich mit dem Wirtschaften in Unternehmungen, wobei die Begriffe „Betrieb" und „Unternehmung" im selben Sinn verwendet werden. ▰

Welche Ziele verfolgt ein Unternehmen?

Alle Betriebe erfüllen die Funktion, die Bedürfnisse Dritter zu decken. Diese Aufgabe erwächst den Betrieben aus ihrer Stellung in der arbeitsteiligen Wirtschaft; sie wird als Betriebszweck bezeichnet.

Vom Betriebszweck müssen die Betriebsziele (Unternehmensziele) unterschieden werden. Denn die Betriebe werden in der Regel nicht tätig, um ihre gesamtwirtschaftliche Aufgabe zu erfüllen. Die Leistungserstellung ist lediglich ein Mittel, um damit andere betriebliche Ziele zu realisieren.

Ein Unternehmen will Gewinn erwirtschaften

Für Unternehmen in einer marktwirtschaftlichen Wirtschaftsordnung steht sicherlich das Gewinnstreben an erster Stelle. Weitere monetäre Zielsetzungen sind

- das Umsatzstreben,
- eine Erhöhung der Rentabilität (siehe S. 16) oder
- Liquiditätsverbesserungen (siehe S. 64).

Aber es geht den Unternehmen nicht immer (ausschließlich) ums Geld: Streben nach sozialem Ansehen, nach einem bestimmten Image, nach Macht, Größe oder Unabhängigkeit können die unternehmerische Verhaltensweise genauso bestimmen wie soziale Prinzipien, z. B. die Sorge um das Wohlergehen der Belegschaft oder der Aufbau sozialer Einrichtungen. Ressourcen zu schonen oder die Umweltbedingungen zu verbessern können ebenso Ziele sein, die in Unternehmen verfolgt werden.

Welche Typen von Betrieben gibt es?

Es macht einen großen Unterschied, welche Art von Leistung das Unternehmen erstellt. So unterscheidet man

- Sachleistungsbetriebe: z. B. Land- und Forstwirtschaft, Investitions- oder Verbrauchsgüterindustrie, und

- Dienstleistungsbetriebe: z. B. Handelsbetriebe, Fremdenverkehrsbetriebe.

Eng mit der Einteilung nach der Art der erstellten Leistungen hängt auch die Einteilung nach Wirtschaftszweigen (Branchen) zusammen. Danach kann unterteilt werden in Betriebe

- der Industrie und des Handwerks,

- des Handels,

- der Banken,

- der Versicherungen,

- des Verkehrs

- und sonstige Dienstleistungsbetriebe.

Fragt man nach dem „Wie" der Leistungserstellung, lässt sich in arbeitsintensive, anlageintensive und materialintensive Betriebe unterscheiden. Nach der Abhängigkeit vom Standort werden schließlich rohstoff-, energie-, arbeitskräfte- und absatzorientierte Betriebe unterschieden. Schließlich wird auch die gewählte Rechtsform (siehe S. 24) der Betriebe als Einteilungskriterium herangezogen.

Verschiedene Prozesse, verschiedene Aufgabenbereiche

Innerhalb eines Betriebs laufen verschiedene Prozesse nebeneinander: der Güter-, Produktions-, Geld- und Informationsprozess. Güter und Dienste, die auf dem Beschaffungsmarkt bezogen wurden, werden im Produktionsprozess zu marktfähigen Leistungen (Waren oder Dienstleistungen) umgewandelt und an den Absatzmarkt weitergegeben. Dem Güterstrom läuft ein Geldstrom entgegen. Für die am Absatzmarkt verkauften Leistungen kommen Geldmittel herein, die zum Kauf von Gütern des Beschaffungsmarkts wieder abfließen.

All diese Aufgaben lassen sich nur erfolgreich bewältigen, wenn ausreichende Informationen über den Markt, das Verbraucherverhalten, über die finanziellen Möglichkeiten des Unternehmens etc. vorliegen. Die Informationen von außen sammelt die volkswirtschaftliche oder Marktforschungsabteilung (siehe S. 97); für die interne Informationsgewinnung ist vor allem das Rechnungswesen (ab S. 69) zuständig.

Der Gesamtprozess der betrieblichen Tätigkeit besteht demnach aus ganz unterschiedlichen Aufgabenbereichen oder Funktionen. In der BWL unterscheidet man

- Unternehmensführung,

- Beschaffung,

- Lagerhaltung,

- Produktion,

- Transportwesen,
- Rechnungswesen,
- Finanzierung,
- Personalwesen und
- Absatz.

Vielfach werden Beschaffung, Produktion und Absatz, gelegentlich auch noch die Finanzierung als Grundfunktionen (Elementarfunktionen) bezeichnet, denen die übrigen Funktionen zugeordnet sind.

Die betrieblichen Produktionsfaktoren

Produzieren heißt, Arbeitsleistungen, natürliche Hilfsmittel und Güter so einzusetzen, dass neue oder veränderte Güter oder Dienstleistungen entstehen. Der technische Vorgang wird Produktionsprozess genannt.

Beispiel
Die Tätigkeit des Zeitungsverkäufers an der Straßenecke ist im ökonomischen Sinne ebenso Produktion wie das Geschehen in einem großen Stahlwerk.

Dazu benötigt man Arbeitsleistungen, also Menschen, und bestimmte Hilfsmittel. Beides nennt man in der Betriebswirtschaftslehre Produktionsfaktoren oder Leistungsfaktoren. Was am Ende entsteht, Güter oder Dienstleistungen, wird Produktionsergebnis genannt. Nach Erich Gutenberg werden die folgenden Produktionsfaktoren unterschieden:

- ausführende Arbeit (siehe S. 109),
- Betriebsmittel: Maschinen, Werkzeuge, Gebäude, Grundstücke,
- Werkstoffe: Roh-, Halbstoffe, verwendete Fertigteile,
- der dispositive Faktor (die Unternehmensführung, S. 31).

Der dispositive Faktor fügt die drei anderen Faktoren, die als Elementarfaktoren bezeichnet werden, zusammen.

Betriebswirtschaftliche Prinzipien

Für jedes Unternehmen gelten Prinzipien, deren Verletzung seinen dauerhaften Bestand gefährden würde.

Unternehmen sollen ökonomisch ...

In der BWL geht man davon aus, dass die Menschen praktisch unbegrenzte Bedürfnisse haben, die Güter allerdings knapp sind. Daraus ergibt sich ein Grundprinzip wirtschaftlichen Handelns, das ökonomische oder Wirtschaftlichkeitsprinzip. Es besagt, dass entweder mit einem gegebenen Aufwand an Produktionsmitteln der größtmögliche Güterertrag zu erzielen (Maximumsprinzip) oder ein bestimmter Güterertrag mit einem möglichst geringen Einsatz zu erreichen sei (Sparprinzip).

> *Das ökonomische Prinzip ist ein formales Prinzip, das unabhängig vom jeweils praktizierten Wirtschaftssystem Gültigkeit hat.*

... und produktiv wirtschaften

Ein Unternehmen muss auch mengenmäßig ergiebig arbeiten, so ein weiteres Prinzip. Ob es das tut, darüber gibt die Produktivität Auskunft. Diese Größe errechnet sich aus dem Verhältnis zwischen der produzierten Gütermenge (Output) und der eingesetzten Menge an Produktionsfaktoren (Input).

$$\text{Produktivität} = \frac{\text{Ausbringungsmenge}}{\text{Einsatzmenge}}$$

Doch weil hier sehr unterschiedliche Faktoren zu berücksichtigen sind (Arbeitskräfte, Rohstoffverbrauch, Maschinenkapazitäten etc.), ist die Ermittlung der Gesamtproduktivität vielfach kaum möglich. Man begnügt sich deshalb häufig mit der Berechnung von Teilproduktivitäten, d. h. Produktivitäten einzelner Produktionsfaktoren. Wie man sich leicht vorstellen kann, ist insbesondere die Arbeitsproduktivität von Bedeutung.

Beispiel
So lässt sich etwa die Produktivität je Arbeitskraft oder je Arbeitsstunde untersuchen.

Man unterscheidet zwischen der Durchschnittsproduktivität (z. B. die gesamte produzierte Gütermenge im Verhältnis zur Anzahl der geleisteten Arbeitsstunden) und der Grenzproduktivität (die mit der letzten geleisteten Arbeitsstunde produzierte Gütermenge).

Rentabel wirtschaften

In der Regel will jeder, der in ein Unternehmen Geld investiert, ob Eigentümer oder Gesellschafter, dass sich sein Einsatz auch lohnt. Sein Blick gilt daher vornehmlich der Rendite oder Rentabilität, der Verzinsung seines Kapitals. Dazu sieht er sich die Rentabilitätszahlen an. Das sind so genannte Kennzahlen, die das Verhältnis des Erfolgs (= Gewinn) zum Mitteleinsatz ausdrücken, und zwar immer bezogen auf einen bestimmten Zeitabschnitt (Periode), etwa auf das Geschäftsjahr oder das Quartal. Dabei kann je nach Interesse auf verschiedene Größen zurückgegriffen werden.

So gibt etwa die Eigenkapitalrentabilität Auskunft über die Verzinsung des eingebrachten Eigenkapitals:

$$\text{Eigenkapitalrentabilität} = \frac{\text{Gewinn} \times 100}{\text{Eigenkapital}}$$

Doch ein Unternehmen wirtschaftet auch mit fremdem Kapital wie Bankkrediten. Um die Rentabilität des Gesamtkapitals zu errechnen, müssen neben dem Gewinn auch die im Periodenaufwand enthaltenen Fremdkapitalzinsen berücksichtigt werden:

$$\text{Gesamtkapitalrentabilität} = \frac{(\text{Gewinn} + \text{Fremdkapitalzinsen}) \times 100}{\text{Eigenkapital}}$$

Die Umsatzrentabilität schließlich ergibt sich, wenn der Gewinn auf den Umsatz bezogen wird:

$$\text{Umsatzrentabilität} = \frac{\text{Gewinn} \times 100}{\text{Umsatz}}$$

Wie sich Unternehmen organisieren

Im Unternehmen müssen Menschen mit ganz unterschiedlichen Fähigkeiten zusammenwirken, um – mit den gegebenen Mitteln – die Betriebsziele zu erreichen. Ohne sinnvolle Ordnung und Regeln lässt sich dies kaum bewerkstelligen. Die Entwicklung dieser Ordnung und das sich dabei ergebende System geltender Regelungen bezeichnet der Betriebswirt als Organisation. In der Praxis stellt man die Struktur der Organisation z. B. in einem Organigramm dar (siehe S. 22).

Hinsichtlich der Aufgabenschwerpunkte der Organisation wird in Aufbauorganisation und Ablauforganisation unterschieden.

- In der Aufbauorganisation werden die Aufgaben des Betriebs auf die verschiedenen Stellen, Instanzen und Abteilungen aufgeteilt und die Zusammenarbeit und Zuständigkeit dieser Institutionen geregelt.

- Durch die Ablauforganisation werden die einzelnen Arbeitsabläufe und Arbeitsprozesse bei der Aufgabenerfüllung gestaltet.

Was die Aufbauorganisation festlegt

Zur Aufbauorganisation gelangt man über zwei Fragen:

1 In welche Teilaufgaben / Funktionen lässt sich die Gesamtaufgabe des Betriebs zerlegen (Aufgabenanalyse)?

2 Wie kann man diese Teilaufgaben zu Stellen zusammenfügen (Aufgabensynthese)?

Mit den Stellen werden Kompetenzen abgesteckt

Stellen sind eigenständige organisatorische Einheiten, in denen nicht nur alle zum Arbeitsbereich einer Person gehörenden Aufgaben zusammengefasst, sondern vor allem auch deren Kompetenzen festgelegt sind.

Unter Kompetenz versteht man die dem Stelleninhaber ausdrücklich zugeteilten Rechte und Befugnisse, die in den zu übernehmenden Pflichten (Verantwortung) ihr Gegenstück haben. Aufgaben, Kompetenz und Verantwortung einer Stelle müssen einander entsprechen. Zu geringe Kompetenzen im Vergleich zu den übertragenen Aufgaben etwa würden die Aufgabenerfüllung gefährden.

■ *Durch Delegation können Aufgaben, Kompetenzen und Verantwortung teilweise auf rangniedere Stellen übertragen werden.* ■

Der Aufgabenbereich des Stelleninhabers und seine Kompetenzen gegenüber anderen Stellen werden durch die Stellenbeschreibung (siehe S. 23) abgegrenzt. Der Aufgabenkomplex ist dabei auf die Normalleistung einer fiktiven, unbenannten Person abgestimmt.

Haben leitende Funktion: Instanzen

Die unterschiedliche Ausstattung der Stellen mit oder ohne Leitungsbefugnis führt zur Bildung von Instanzen. Eine Instanz ist eine Stelle, die mit Entscheidungs- oder Anordnungsbefugnis gegenüber rangniedrigeren Stellen ausgestattet ist. Je nachdem, ob die der Instanz zustehenden Leitungsbefugnisse von einer oder mehreren Personen ausgeübt werden, spricht man von Singular- oder Pluralinstanz. Ein Beispiel für eine Pluralinstanz ist der Vorstand einer Kapitalgesellschaft.

Die Zusammenfassung einer Instanz und der ihr untergeordneten Stellen bezeichnet man als Abteilung.

Hierarchie – aber wie?

Naturgemäß besteht zwischen den verschiedenen Stellen hinsichtlich der Ausstattung mit Weisungsbefugnissen eine Rangordnung. Zur Regelung dieser in der Fachsprache „Leitungssystem" genannten Hierarchie hat die Praxis im Laufe der Zeit unterschiedliche Prinzipien entwickelt.

- **Liniensystem** (Einliniensystem): Sämtliche Anordnungen müssen von der Leitung unmittelbar an die jeweils nachgeordnete Stelle gehen, die sie wiederum an die ihr nachgeordneten Stellen weiterleitet, bis schließlich die empfangende Stelle erreicht wird. Daraus ergibt sich der berühmte Dienstweg, ein eindeutiger Weg der Aufgabenerteilung. Der Schwerfälligkeit des Systems stehen als Vorteile der straffe Aufbau der Organisation und die klare, eindeutige Festlegung der Anordnungsrechte gegenüber.

- **Funktionssystem:** Hier erhält jeder Untergebene Weisungen von mehreren Vorgesetzten (Funktionsmeistern), die jeweils für einen abgegrenzten Bereich zuständig sind. Damit wird der Grundsatz der Einheitlichkeit der Auftragserteilung zugunsten einer größeren Beweglichkeit geopfert. Informationsaustausch auf gleicher Ebene ist möglich und erwünscht. Für die leitenden Stellen besteht aber die Gefahr der mangelhaften Information.

- **Stabliniensystem:** Den reinen Linienstellen werden beratende Stellen (Stabsstellen) beigeordnet. Die Stabsstellen übernehmen bestimmte Aufgaben, haben aber keine Weisungsbefugnis, sondern dienen ausschließlich der fachlichen Beratung der leitenden Linienstellen. Dadurch können wie beim Funktionsmeistersystem Spezialisten eingesetzt werden, ohne dass das Prinzip der Einheitlichkeit der Auftragserteilung aufgegeben werden muss.

> ◢ *Bei allen drei genannten Organisationsprinzipien dominiert die funktionale Organisationsstruktur.* ◢

- **Divisionale oder Spartenorganisation**: Richtet sich nach dem Objektprinzip. Dabei werden auf Produkte, Produktprozesse oder räumliche Gegebenheiten ausgerichtete Divisionen (Sparten) gebildet, in denen unter verantwortlicher Leitung die verschiedenen Funktionen zusammengefasst sind. Allerdings wird das reine Objektprinzip häufig durch die Bildung zentraler Spezialabteilungen (z. B. Personalabteilung), die sowohl der Gesamtleitung als auch der Divisionsleitung dienen, durchbrochen. Soweit es möglich ist, den Beitrag der einzelnen Divisionen zum Gesamtergebnis zu ermitteln, wird auch die Gewinnverantwortung auf den Divisionsleiter übertragen – dann spricht man vom Profit Center. Vorteile: Weil sich die Verantwortungsbereiche der einzelnen Divisionsleiter besser abgrenzen lassen, kann deren Verantwortungsbewusstsein in der Regel gestärkt werden. Bei Großbetrieben kann die Spartenorganisation zu mehr Flexibilität führen.

- **Matrixorganisation:** Hier kommt es zu einer Kombination funktions- und objektbezogener Organisationsstrukturen. Diese werden einander in Form einer Matrix gegenübergestellt. Kompetenzüberschneidungen werden bewusst angestrebt, um durch diese Doppelverantwortung die Nachteile der rein funktionalen Gliederung auszugleichen.

Information ist alles

Ohne Kommunikation kann keine Organisation überleben. Je größer das Unternehmen und je komplexer die Strukturen, umso wichtiger der reibungslose Informationsfluss. Neben dem Leitungssystem wird daher auch ein Kommunikationssystem festgelegt. Es regelt die Kommunikationswege (wer muss wen informieren?), Form, Technik (z. B. Intranet) sowie Anlass und Zeitpunkt des Informationsaustausches.

Beispiel
Eine gängige Informationsroutine: Alle Abteilungsleiter oder andere Kostenverantwortliche schicken bzw. präsentieren der Geschäftsleitung monatlich einen Bericht (Report), der Erfolgszahlen (Umsatz-, Absatzentwicklung), Stand der Projekte, Planungen, News etc. enthält.

Mit der Ablauforganisation den Arbeitsprozess gestalten

Die Ablauforganisation regelt Abfolge und Form der Arbeitsprozesse. Als Methoden stehen die Arbeitsanalyse und Arbeitssynthese zur Verfügung.

- Die Arbeitsanalyse vermittelt einen Überblick über die Gesamtheit aller anfallenden und auf Arbeitsträger zu verteilenden analytischen Arbeitsteile beliebiger Ordnung.

- Durch die Arbeitssynthese werden die Arbeitsteile zu einem von einer Person an einem bestimmten Objekt, in einem bestimmten Zeitraum und an einem bestimmten Ort zu erfüllenden Aufgabengesamt kombiniert.

Wie die Unternehmensorganisation dokumentiert wird

Damit Aufgaben und Kompetenzen auch kommunizierbar werden, wird all dies dokumentiert. Dazu bedient man sich graphischer oder schriftlicher Hilfsmittel.

Grafische Darstellungsformen

Ein Organisationsplan, auch: Organigramm, erfasst alle Leitungsstellen einer Unternehmung in ihrer Über- und Unterordnung mit Bezeichnung ihrer Aufgaben. Jede Stelle wird durch ein bestimmtes Symbol gekennzeichnet, das auch den Namen des Stelleninhabers und sonstige Daten aufnehmen kann.

Im Funktionsdiagramm werden den organisatorischen Einheiten Aufgaben und Entscheidungsbefugnisse zugeordnet. In der Horizontalen werden die einzelnen Teilfunktionen und in der Vertikalen die jeweiligen Stellen ausgewiesen. Am Schnittpunkt von Spalten und Zeilen wird mit Symbolen die Art der zu bewältigenden Aufgaben gekennzeichnet.

Arbeitsablaufdiagrammen bilden die Prozess-Strukturen ab, indem sie Reihenfolge und Zusammenhänge einzelner Arbeitsschritte / Aufgaben in den verschiedenen Bereichen aufzeigen (z. B. Maschinenbelegungspläne, Datenflusspläne).

Was enthalten Stellenbeschreibungen?

Stellenbeschreibungen enthalten eine verbindliche Zusammenfassung aller wesentlichen Merkmale einer Stelle. Die folgenden Informationen sollten mindestens enthalten sein:

- Stellenbezeichnung / Stellennummer,
- Einordnung der Stelle in die Unternehmensorganisation,
- Regelung der Stellvertretung,
- Zielsetzung der Stelle,
- Aufgaben, Kompetenzen und Pflichten des Stelleninhabers im Einzelnen,
- sachlich-organisatorische Angaben (z. B. Verteiler, nächste Überprüfung).

Was nicht auf dem Papier steht ...

Aufbau- und Ablauforganisation bilden die formelle Organisation der Unternehmung, mit der Beziehungen im Unternehmen bewusst gestaltet werden. Was davon zu Papier kommt, ist eine erwünschte Annäherung an die Wirklichkeit. Daneben entwickelt sich die auf menschliche Eigenheiten, Interessen, Zu- und Abneigungen, sozialen Status und andere Kriterien zurückgehende informelle Organisation. Dieses

Beziehungsgeflecht kann die Zielsetzungen der formellen Organisation fördernd oder hemmend beeinflussen.

Beispiel
Seit kurzem ist der junge Herr Hartmann, ein Hochschulabsolvent, Abteilungsleiter. Gemäß seiner Funktion ist er weisungsbefugt. Tatsächlich wenden sich seine Mitarbeiter bei Problemfällen jedoch an Herrn Walter, seinen 57-jährigen Stellvertreter, der schon lange im Unternehmen ist, und richten sich nach dessen Auskünften.

Das Unternehmen gründen – konstitutive Entscheidungen

Mit der Gründung eines Unternehmens sind mehrere Entscheidungen von grundlegender Bedeutung zu treffen, durch die die Rahmenbedingungen für den weiteren Geschäftsbetrieb geschaffen werden. Dazu gehört die Wahl der Rechtsform sowie des Standorts. Außerdem muss entschieden werden, ob ein Unternehmen selbstständig bleibt oder sich mit anderen Unternehmen enger zusammenschließen soll.

Welche Rechtsformen sind möglich?

Die Rechtsformen stellen den rechtlichen Rahmen der privaten Unternehmungen und öffentlichen Betriebe dar. Den Eigentümern privater Unternehmungen steht es grundsätzlich frei, für welche Rechtsform sie sich entscheiden wollen. Lediglich für einige Arten der wirtschaftlichen Betätigung (z. B. Hypothekenbanken) und in bestimmten Wirtschaftszweigen (z. B. Bergbau) ist die Wahlfreiheit eingeschränkt.

Als Rechtsformen kommen in Frage:

- **Einzelunternehmung**: Träger der Einzelunternehmung ist eine einzige natürliche Person. Kapital und Leitung sind in einer Hand vereinigt. Wichtig: Der Unternehmer haftet mit seinem Privatvermögen in vollem Umfang für die Verbindlichkeiten der Unternehmung.

- **Personengesellschaften**: Träger der Personengesellschaften sind mehrere Personen, die entweder unbeschränkt – z. B. Offene Handelsgesellschaft (OHG) – oder teilweise beschränkt – z. B. bei der Kommanditgesellschaft (KG) –haften. Weitere Personengesellschaften sind die Stille Gesellschaft und die Gesellschaft des bürgerlichen Rechts. Typisch: Die voll haftenden Gesellschafter leiten das Unternehmen als Geschäftsführer.

- **Kapitalgesellschaften**: Kapitaleigentum und Unternehmensführung liegen grundsätzlich in verschiedenen Händen. Die Haftung der Gesellschafter ist in der Regel auf die Kapitaleinlage beschränkt. Die Unternehmungsführung wird meist von angestellten Geschäftsführern wahrgenommen; der Einfluss der Gesellschafter auf die Geschäftsführung ist oft auf das Stimmrecht in den Gesellschafterversammlungen begrenzt. Träger der Kapitalgesellschaft können natürliche und / oder juristische Personen sein. Formen sind die Aktiengesellschaft (AG) oder die Kommanditgesellschaft auf Aktien (KGaA). Auch die GmbH (Gesellschaft mit beschränkter Haftung) ist eine Kapitalgesellschaft. Hier sind die Gesellschafter mit Stammeinlagen am Gesellschaftskapital (Stammkapital) beteiligt, ohne persönlich für die Verbindlichkeiten der

Gesellschaft zu haften. Geschäftsführer sind meist mehrere Gesellschafter; oberstes Organ ist die Gesellschafterversammlung.

- **Genossenschaften** (eingetragene Genossenschaft mit beschränkter Haftpflicht / mit unbeschränkter Haftpflicht)**:** Hier kommen ebenfalls natürliche und / oder juristische Personen als Träger in Frage. Im Gegensatz zu den bisher besprochenen Rechtsformen steht in der Regel nicht die Gewinnerzielung im Vordergrund, sondern die Selbsthilfe der Genossen durch gegenseitige Förderung.

- **Weitere Formen:** Neben der Bergrechtlichen Gesellschaft existieren Sonderformen wie Reederei, Bohrgesellschaft.

■ Mit der Wahl der Rechtsform treffen privaten Unternehmer wichtige Vorentscheidungen, etwa was die Mitwirkung im Unternehmen, die Haftung, die Finanzierung und die steuerlich-rechtliche Behandlung betrifft. ■

Kapitalgesellschaften haben gegenüber Einzelunternehmungen und Personengesellschaften den Vorteil, sich am Kapitalmarkt leichter Geld beschaffen zu können. Vorteil der Einzelunternehmungen und Personengesellschaften: Die Eigentümer können in ihrem Unternehmen mitarbeiten oder die Geschäftsführung übernehmen.

Öffentliche Wirtschaftsbetriebe

Die öffentlichen Wirtschaftsbetriebe sind entweder ein Teil der öffentlichen Verwaltung (Regiebetriebe) oder organisatorisch verselbstständigt. Dabei unterscheidet man zwischen Betrieben ohne und solchen mit eigener Rechtspersönlichkeit. Die Rechtsform kann privatrechtlicher (AG, GmbH) oder öffentlich-rechtlicher Natur (Stiftung, Anstalt, Körperschaft) sein.

Standortentscheidung

Eine wichtige Entscheidung bei Gründung, Expansion oder Verlegung eines Unternehmens ist die Wahl des Standorts, des geographischen Orts, an dem sich ein Betrieb befindet. Die wichtigsten Kriterien, an denen man sich dabei orientiert, sind:

- Absatz
- Beschaffung und Produktion
- Infrastruktur und Umwelt
- öffentliche Abgaben und sonstige Kosten.

Bei der internationalen Standortwahl können wirtschaftliche (z. B. niedrige Löhne), steuerliche und ökologische Gegebenheiten (z. B. geringere Auflagen) maßgebend sein.

Wenn sich Unternehmen zusammenschließen

Als Unternehmenszusammenschluss bezeichnet man die freiwillige Vereinigung mehrerer Unternehmen zu größeren Wirtschaftseinheiten. Der Zusammenschluss erfolgt entweder durch vertragliche Vereinbarung oder durch eine kapitalmäßige Verflechtung (Beteiligung). Entscheidend dabei ist, wie sehr die Entscheidungsfreiheit der beteiligen Unternehmen davon betroffen ist.

Kooperation und Konzentration?

Bei der Kooperation bleiben die rechtliche Selbstständigkeit und die wirtschaftliche Entscheidungsfreiheit grundsätzlich erhalten. Die Entscheidungsfreiheit wird lediglich insoweit eingeschränkt, als bestimmte Aufgaben ausgegliedert und/oder gemeinsam durchgeführt werden.

Bei der Konzentration kommt es dagegen zu einer Unterordnung der zusammengeschlossenen Unternehmungen unter eine einheitliche Leitung. Die wirtschaftliche Selbstständigkeit wird damit erheblich eingeschränkt oder völlig aufgehoben. Die rechtliche Selbstständigkeit bleibt auch hier, zumindest nach außen hin, erhalten. Wenn auch noch die rechtliche Selbstständigkeit aufgegeben wird, kommt es zur Fusion (Verschmelzung), d. h. als Folge des Zusammenschlusses existiert nur noch eine rechtliche Einheit.

> ◾ Mit einem Unternehmenszusammenschluss möchte man vor allem ein besseres wirtschaftliches Ergebnis, sprich einen höheren Gewinn erzielen. Ansatzpunkte dafür bieten sich in allen betrieblichen Bereichen vom Einkauf bis zum Marketing. ◾

Eine zweite Zielsetzung ist mehr wirtschaftliche Macht, also eine stärkere Stellung am Markt zu erreichen. Dadurch soll entweder der Wettbewerb eingeschränkt oder beseitigt werden oder ein Gegengewicht zur starken Position der anderen Marktseite aufgebaut werden.

Die wichtigsten Formen von Zusammenschlüssen

- **Kartell**: Unternehmen der gleichen Wirtschaftsstufe schließen sich zusammen. Ziel: Beherrschung des Markts, Beschränkung des Wettbewerbs. Nach dem Gesetz gegen Wettbewerbsbeschränkungen (GWB) sind Kartelle, die geeignet sind, die Marktverhältnisse spürbar zu beeinflussen, grundsätzlich verboten.

- **Syndikate**: Straff organisiert mit rechtlich selbstständiger Zentrale; übernehmen die gesamte Absatzfunktion ihrer Mitglieder und kontrollieren sie über Quoten und Preise.

- **Konsortien:** Zeitlich begrenzter Zusammenschluss für eine bestimmte Aufgabenstellung; Beispiel: Bankenkonsortium, das zur Ausgabe von Aktien gegründet und nach Erfüllung dieser Aufgabe wieder aufgelöst wird.

- **Interessengemeinschaft** (IG): Zusammenschluss von Unternehmen zur gemeinsamen Durchführung von bisher getrennt wahrgenommenen Funktionen, z. B. Forschung und Entwicklung.

- **Konzern:** Zusammenschluss rechtlich selbstständiger Unternehmen unter einheitlicher Leitung mit völligem Verzicht auf unternehmerische Entscheidungsfreiheit.

Welche Rolle Unternehmensverbände spielen

Eine besondere Gruppe von Unternehmenszusammenschlüssen bilden die Unternehmensverbände.

- **Wirtschaftsfachverbände** sind Vereinigungen von Unternehmungen der gleichen Branche, die die gemeinsamen wirtschaftlichen Interessen ihrer Mitglieder fördern und gegenüber der Öffentlichkeit, den Organen des Gesetzgebers, der Regierung und der Verwaltung, gegenüber Arbeitnehmerverbänden und anderen Wirtschaftsfachverbänden vertreten.

◢ *Die Interessen der deutschen Industrie werden vom Bundesverband der Deutschen Industrie (BDI) wahrgenommen. Die Fachverbände des Einzelhandels sind in der Hauptgemeinschaft des Deutschen Einzelhandels zusammengeschlossen.* ◢

- **Arbeitgeberverbände** nehmen die wirtschaftlichen und sozialen Interessen ihrer Mitglieder gegenüber den Gewerkschaften, aber auch gegenüber dem Staat und der Öffentlichkeit wahr. Der Spitzenverband ist der Bundesverband der Deutschen Arbeitgeberverbände.

- **Kammern** wie die Industrie- und Handelskammern vertreten die Interessen der gewerblichen Wirtschaft. Sie sind Körperschaften des öffentlichen Rechts mit Zwangsmitgliedschaft. Zu den Aufgaben der Industrie- und Handelskammern zählen u. a. die Förderung der gewerblichen Wirtschaft sowie die Anlage von Einrichtungen, die Beratung und Auskunftserteilung und die Mitwirkung bei der Berufsausbildung. Spitzenorganisation ist der Deutsche Industrie- und Handelskammertag (DIHK). Die Belange des Handwerks werden von den Handwerkskammern wahrgenommen.

Unternehmensführung (Management)

Management ist ein weites Aufgabenfeld – muss man doch als Führungskraft eine Reihe wichtiger Entscheidungen treffen, deren Umsetzung aber ohne eine gute Mitarbeiterführung kaum gelingen mag.

Management und Führen

Wenn Sie unter dem Begriff „Management" viel verstehen, ist dies nicht verwunderlich, denn er bezeichnet:

- die Gruppe von Personen im Unternehmen (Institution), die mit Führungsaufgaben betraut sind (Führungskräfte oder Manager),

- deren Aufgabenbereich / Funktion

- und schließlich die wissenschaftliche Teildisziplin innerhalb der BWL, in der es um Inhalte, Methoden und Techniken der Unternehmensführung geht.

Zum Management zählen alle Personen im Unternehmen, die mit Weisungsbefugnissen ausgestattet sind, gleichgültig, ob sie der obersten (*top management*), mittleren (*middle management*) oder unteren (*lower management*) Führungsebene angehören. Dieser Führungskräftegruppe stehen die übrigen Mitarbeiter als ausführende Kräfte gegenüber.

Zwei recht unterschiedliche Aufgaben

Eine Führungskraft hat zwei ganz unterschiedliche Hauptaufgabenfelder:

- **Die sachbezogene Führung**: Sie ergibt sich direkt aus der Betriebsaufgabe; dabei geht es um die Zielsetzung, Planung und Durchsetzung von Entscheidungen, die Arbeitsteilung, die Koordination der einzelnen Tätigkeitsbereiche, die Zusammenarbeit mit anderen Betriebsbereichen oder die Kontrolle der erzielten Arbeitsergebnisse.

- **Personal- oder Mitarbeiterführung**: Resultiert aus der Tatsache, dass die Erfüllung von Sachaufgaben nur unter Beteiligung der Mitarbeiter vollzogen werden kann und umfasst alle Aufgaben im Umgang mit den Mitarbeitern (ab S. 36).

> ▪ *In der Realität sind inhaltliche und personelle Führungsaufgaben natürlich eng miteinander verzahnt.* ▪

Die sachbezogenen Aufgaben einer Führungskraft

Worin bestehen nun die sachlichen Führungsaufgaben des Managements? In der Literatur werden sie unterschiedlich gegliedert und abgegrenzt. Eine häufig anzutreffende Einteilung orientiert sich am Ablauf des Führungsprozesses und unterscheidet nach Zielsetzung, Planung, Entscheidung, Realisation und Kontrolle. Betrachten wir diese Aufgaben genauer.

Ziele setzen

Ziele sind Aussagen mit normativem Charakter, durch die ein erwünschter künftiger Zustand umschrieben wird. Die Zielsetzung der einzelnen Führungskraft wird bestimmt durch das Gesamtziel der Unternehmung sowie einer Reihe von Teilzielen anderer Bereiche, die im Hinblick auf das Gesamtziel (siehe auch S. 86) koordiniert werden müssen.

Monetäre Ziele lassen sich in Geldgrößen erfassen (z. B. Umsatz, Gewinn, Rentabilität). Nicht-monetäre Ziele sind nicht oder nur indirekt in Geld messbar (z. B. soziale Ziele oder Macht- und Prestigeziele).

Ein guter Manager formuliert seine Ziele „operational", was bedeutet, dass der Grad der Zielerreichung gemessen und mit dem geplanten Zielausmaß verglichen werden kann. Durch klare Aussagen zu

- Zielinhalt
- Zielausmaß und
- Zieltermin

wird dies sichergestellt.

Beispiel

Zielinhalt:	„Gewinnsteigerung … "
Zielausmaß:	„… um 4 % …"
Zieltermin:	„… im folgenden Jahr."

Planen und entscheiden

Die Kernfunktion des Managementprozesses und damit eine sehr wichtige Aufgabe der Führungskräfte ist die Planung. Die Planung kann als Entwurf einer systematischen Ordnung definiert werden, nach der sich das künftige Geschehen vollziehen soll. Dadurch werden zukünftige Ereignisse bzw. Daten in das weitere Geschehen einbezogen.

Durch die Planung treten an Stelle von Improvisation und Intuition rationale, systematische Überlegungen, wodurch die Unsicherheiten der Zukunft eingeschränkt werden.

Die Planung baut auf der Prognose auf und lässt sich nach Organisationsbereichen und nach zeitlichen Vorgaben unterteilen. Voraussetzung der Planung ist die Erarbeitung eines Zielsystems innerhalb der Organisation.

> ■ Ziel der Planung ist der Schutz vor unerwünschten Entwicklungen und die Möglichkeit, auf Veränderungen reagieren zu können. Doch bleibt in der Praxis selbst bei der besten Planung ein Rest Unsicherheit bestehen, sei es, weil für die Entscheidung zu wenig Informationen vorliegen oder zu wenig Zeit ist, sei es, weil sich Unvorhergesehenes eben nicht hundertprozentig einplanen lässt. ■

Innerhalb der Planung kann in der Regel unter mehreren Alternativen ausgewählt werden, um die gesetzten Ziele zu erreichen. Der Planungsprozess enthält also Entscheidungen über die jeweils beste Möglichkeit.

Beispiel
Eine typische Planungssituation im Unternehmen liegt vor, wenn der Zielumsatz für das nächste Jahr erarbeitet wird (siehe das Beispiel auf S. 34). Hier werden die Überlegungen zur Produkt- oder Sortimentspolitik, zur Wettbewerbssituation, die Ressourcensituation im Unternehmen (Maschinen, Personal, Kapital) und die strategischen Ziele des Unternehmens zugrunde gelegt, um den Zielumsatz zu bestimmen.

Umsetzung und Kontrolle

Die drei Funktionen Zielsetzung, Planung und Entscheidung hängen eng miteinander zusammen und werden deshalb als Planungs- und Entscheidungsprozess zusammengefasst. In der nächsten Stufe, der Realisation, werden die Ziele verwirklicht. Dabei meint Realisation nicht die eigentliche Durchführung, sondern lediglich das Einwirken auf die Sachaufgaben durch die Organisation der Mitarbeiter und die Verteilung von Aufgaben und Kompetenzen.

Den Abschluss des gesamten Führungsprozesses bildet die Kontrolle. Durch einen Vergleich der Planwerte mit den Istwerten wird geprüft, ob bei der Durchführung der Pläne die vorgegebenen Zielsetzungen erreicht wurden (Soll-Ist-Vergleich).

Beispiel

In einer Spielzeugfirma sollte durch eine Sortimentsausweitung eine Umsatzsteigerung von 10 % (Soll) im neuen Geschäftsjahr erreicht werden, um den Gewinn zu steigern. Am Ende des Geschäftsjahrs lag die tatsächliche Umsatzsteigerung jedoch nur bei 6 % (Ist).

Nun ist es Aufgabe des Management eventuelle Abweichungen zu untersuchen, was wiederum Rückwirkungen auf die Planung hat (Rückkoppelung), die sich in Änderungen oder Neubestimmungen der Zielsetzungen niederschlagen. Art und Intensität der Kontrolle hängen weitgehend vom praktizierten Führungsstil (siehe S. 37) und Managementprinzip (siehe S. 41) ab.

Die personellen Führungsaufgaben des Managements

Personalführung (Mitarbeiterführung) ist der zweite wichtige Aufgabenbereich des Managements. Denn im Management geht es eigentlich immer um das, was andere tun (sollen): Führungskräfte stellen Mitarbeiter ein, fördern sie und fordern ihnen Leistungen ab, motivieren sie, geben ihnen Ziele vor, kontrollieren und bewerten ihre Ergebnisse. Hinzu kommt die Team- bzw. Projektführung. Umso wichtiger, dass die Führungsarbeit sinnvoll ausgestaltet wird.

Zum Instrumentarium der Mitarbeiterführung zählen u. a. der praktizierte Führungsstil, eine Reihe von Managementtechniken bzw. -methoden sowie regelmäßige Information und Kommunikation.

Der Führungsstil – ein Erfolgsfaktor

Vom Führungsstil spricht man insbesondere, wenn man längerfristig das in Bezug auf verschiedene Situationen konstante Führungsverhalten betrachtet. Wie sich die Führungskräfte ihren Mitarbeitern gegenüber verhalten bzw. auf welche Weise sie ihre Führungsfunktion ausüben, kann von Unternehmen zu Unternehmen und von Führungskraft zu Führungskraft sehr unterschiedlich sein. Mit Sicherheit bestimmt der Führungsstil maßgeblich den Erfolg der Mitarbeiterführung, denn er beeinflusst die Einstellung der Mitarbeiter zu ihrer Arbeit und wirkt sich auf deren Zufriedenheit, Motivation und Leistungsbereitschaft aus.

> *Die Auswirkungen unterschiedlicher Führungsstile auf Verhalten, Zufriedenheit und Leistungswillen wurden vielfach empirisch untersucht. Trotzdem können die Ergebnisse für die Unternehmenspraxis nur schwer verallgemeinert werden.*

Auch wenn das Wort „Führungsstil" etwas irreführend erscheint: Ein Führungsstil ist durchaus erlernbar und nicht unbedingt Charaktersache. Dennoch ist die Frage nach dem optimalen Führungsstil nur schwer zu beantworten, da die Qualität des Führungsstils von einer Vielzahl von Faktoren abhängt:

- Persönlichkeit des Vorgesetzten
- Persönlichkeit der Mitarbeiter
- Arbeitssituation
- gesellschaftliches Umfeld

Von autoritär bis partnerschaftlich

Zur Erklärung von Führungsstilen wurden in der BWL eine Reihe von Modellen entwickelt. Der sog. eindimensionale Ansatz knüpft an die Unterscheidung zwischen autoritärem und demokratischem bzw. kooperativem Führungsstil an – je nachdem, wie weit der Vorgesetzte seine Macht zu teilen bereit ist:

- Autoritäre Führung wird praktiziert, wenn Sachentscheidungen in kurzer Zeit durchgesetzt werden müssen. Aufgaben werden den Mitarbeitern überwiegend durch strikte Anweisungen und Anleitungen übertragen.
- Bei der kooperativen Führung steht die Motivation der Mitarbeiter besonders im Vordergrund. Kooperative Führung erscheint vorteilhafter, wenn ein gewisser Handlungsspielraum besteht.

In den sog. zweidimensionalen Ansätzen geht man von zwei wesentlichen Verhaltensausrichtungen der Vorgesetzten aus: In welchem Maße handelt die Führungskraft aufgaben-, in welchem Maße mitarbeiterorientiert?

- Die Aufgabenorientierung wird an der Ausrichtung auf quantitative und qualitative Sachziele gemessen – also wenn bei der Aufgabenerfüllung Effektivitäts- und Effizienzüberlegungen wie z. B. Gewinn- und Umsatzzahlen, Kapazitätsauslastung oder eine bestimmte Produktqualität überwiegen.

- Die Mitarbeiterorientierung zeigt sich in Verständnis und Unterstützung der Mitarbeiter sowie im Bemühen der Führungskraft um deren Zuneigung auf der Grundlage von Vertrauen, Respekt, Gehorsam und Mitgefühl. Darüber hinaus zeigt sie aber auch Interesse an Fragen der Arbeitsbedingungen, der Gehaltsstruktur, Sozialleistungen und der Arbeitsplatzsicherheit. Bei der Aufgabenübertragung traut sie dem Mitarbeiter Eigenverantwortung und Selbstständigkeit zu und zeigt Anerkennung für seine Leistungen.

Die beiden Verhaltensausrichtungen lassen sich zu einem zweidimensionalen Verhaltensgitter, dem bekannten „Managerial Grid" verschmelzen (siehe nächste Seite). Je nach Ausprägung der beiden Pole entstehen auf einer Skala von 1–9 verschiedene Werte.

Die Wissenschaftler Blake/Mouton haben daraus fünf wichtige Führungsstile abgeleitet:

- 1,1: Die minimale Anstrengung zur Erledigung der geforderten Arbeit genügt gerade noch, sich im Unternehmen zu halten.

- 1,9: Die Rücksichtnahme auf die Bedürfnisse der Mitarbeiter nach zufrieden stellenden zwischenmenschlichen

Beziehungen bewirkt ein gemächliches und freundliches Betriebsklima und Arbeitstempo.

- 5,5: Eine angemessene Leistung wird ermöglicht durch die Herstellung eines Gleichgewichts zwischen der Notwendigkeit, die Arbeit zu erledigen und der Aufrechterhaltung einer zufrieden stellenden Betriebsmoral.

- 9,1: Der Betriebserfolg beruht darauf, die Arbeitsbedingungen so einzurichten, dass der Einfluss persönlicher Faktoren auf ein Minimum beschränkt wird.

- 9,9: Hohe Arbeitsleistung vom engagierten Mitarbeiter und gemeinschaftlicher Einsatz für das Unternehmensziel verbinden die Menschen in Vertrauen und gegenseitiger Achtung.

Das Managerial Grid

	1,9								9,9
					5,5				
	1,1								9,1

Betonung des Menschen (vertical axis) — Betonung der Aufgaben/Produktion (horizontal axis)

▪ *Die eindeutige Präferenz von Blake und Mouton liegt auf dem 9,9-Führungsstil. Nach ihren Vorstellungen ist ein Unternehmen im Gesamten umso effektiver, je stärker beide Dimensionen ausgeprägt sind.* ▪

Eine Alternative: flexibel führen

Die situative Führungstheorie geht davon aus, dass es nicht einen einzigen, angemessenen Führungsstil gibt, sondern dass dieser von der jeweiligen Situation abhängig ist. Am bekanntesten ist das Modell von Hersey/Blanchard. Dabei hängt der jeweils geeignete Führungsstil davon ab, ob das grundsätzliche Führungsverhalten eines Vorgesetzten eher aufgaben- oder mitarbeiterbezogen ist. Allerdings schließen sich diese zwei Orientierungen nicht gegenseitig aus, sondern werden in unterschiedlicher Ausprägung miteinander kombiniert. Wie viel Verantwortung und Entscheidungsfreiheit dem einzelnen Mitarbeiter übertragen wird, hängt aber auch von dessen Reifegrad ab, d. h. von seiner Fähigkeit sich selbst Ziele zu setzen, von seiner Eigenmotivation und seiner Bereitschaft Verantwortung zu übernehmen. Demnach sollte, je reifer sich ein Mitarbeiter in der jeweiligen Situation beweist, die Aufgabenorientierung umso geringer und die Mitarbeiterorientierung umso höher sein.

Managementtechniken

Managementtechniken gibt es wie Sand am Meer. Einige sind Mode geblieben, andere haben sich auf Dauer etabliert. Es handelt sich immer um pragmatische Modelle, durch die eine effiziente Führung sowie Einheitlichkeit und Transparenz im Führungsverhalten sichergestellt werden sollen. Zum

Inhalt solcher Managementkonzepte gehören wieder beide Aspekte, sachbezogene und mitarbeiterbezogene Führungsaufgaben. Führungskonzepte finden als schriftlich fixierte Führungsanweisung Eingang in die Praxis.

> ■ *Die Führungsanweisung ist eine einheitliche Regelung im Unternehmen, mit der das Verhältnis zwischen Vorgesetzten und Mitarbeitern dauerhaft gestaltet wird.* ■

Die bekanntesten Managementtechniken (auch Managementprinzipien) sind unter der Bezeichnung "Management-by-Konzept" bekannt geworden. Die meisten dieser Konzepte betrachten lediglich einen Teilbereich der Mitarbeiterführung; ein umfassendes Führungskonzept ist nur beim Management by Objectives verwirklicht.

Management by Exception

In diesem Modell greift die Führungskraft nur bei Überschreiten bestimmter Normen oder bei Auftreten unvorhergesehener Ereignisse ein. Im Übrigen sind Verantwortung und Kompetenz für die Durchführung aller normalen und vorhersehbaren Aufgaben an die Mitarbeiter delegiert. Das Konzept funktioniert aber nur, wenn eindeutig festgelegte Ziele, Bewertungsmaßstäbe und Abweichungstoleranzen ein sicheres Erkennen der Ausnahmesituation ermöglichen.

Management by Delegation

Bei diesem Modell werden abgegrenzte Aufgaben mit allen zugehörigen Kompetenzen und Teilverantwortungen auf die Mitarbeiter übertragen, die im Rahmen ihres Delegationsbereichs möglichst eigenständig handeln sollen. Durch seine Dienstaufsicht und durch Erfolgskontrollen in Form von Soll-Ist-Vergleichen übt der oder die Vorgesetzte die notwendige Kontrolle über die Mitarbeiter aus.

Sehr verbreitet: Management by Objectives

Dieses Konzept beruht auf der Vereinbarung von Zielen. Denn jedes Unternehmen verfolgt Ziele, die im Wege der Planung erarbeitet werden müssen (Siehe S. 85). Auf jeden Mitarbeiter entfallen damit automatisch Teilziele, und diese legt die Führungskraft gemeinsam mit jedem fest. Die Mitarbeiter haben dann durch eigenes Entscheiden und Handeln die Ziele ihres Aufgabenbereichs zu erreichen. Schriftlich fixiert werden die vereinbarten Ziele in einer sog. Zielbeschreibung; Leistungsstandards und Kontrolldaten dienen zu ihrer Konkretisierung. Anhand der Zielvereinbarung lassen sich dann Abweichungen untersuchen und Ergebnisse kontrollieren. Die Zielvereinbarung trägt zur Verbesserung der Kommunikation zwischen Vorgesetztem und Mitarbeiter bei, da die gegenseitigen Erwartungen klar definiert sind.

Die Formulierung von Zielvereinbarungen ist nicht einfach. Oft handelt es sich in der Praxis um reine Tätigkeitsbeschreibungen, wie sie bereits in Stellenbeschreibungen enthalten sind. Bei der Vereinbarung von Zielen geht es jedoch nicht in erster Linie darum, was ein Mitarbeiter zu tun hat, sondern welches Ergebnis er erreichen soll. Dabei gilt:

- Präzise Zielvereinbarungen beschreiben einen zu einem bestimmten Zeitpunkt zu erreichenden Endzustand, der dem Mitarbeiter ausreichend Gestaltungsspielraum auf dem Weg dorthin einräumt (Zielinhalt, -ausmaß, -termin, siehe S. 34).

- Ziele müssen bedeutungsvoll und herausfordernd, aber erreichbar sein.
- Ziele müssen messbar sein. Qualitative Ziele müssen durch Ersatzmaßstäbe quantifizierbar gemacht werden.
- Ziele müssen widerspruchsfrei sein.
- Ziele müssen sich auf das Wesentliche konzentrieren.

Beispiele
Für einen Außendienstmitarbeiter könnte ein Ziel lauten, den Umsatz innerhalb der nächsten zwölf Monate um 5 % zu steigern.
Bei einer hohen Ausschussquote wäre folgende Formulierung denkbar: Senkung der Ausschussquote von derzeit 5 % auf höchstens 3 % bis spätestens 12/2003.
Mit einem Bereichsverantwortlichen könnte folgendes vereinbart werden: Einführung des Konzepts „Zielvereinbarungen" bis spätestens zum Ende des folgenden Kalenderjahres.

Wie motiviert man Mitarbeiter?

Warum ist der eine über alle Maßen engagiert, während der andere nur seinen Job macht? Kann man mit Anreizen wie Firmenwagen die Leistung seiner Verkaufsmannschaft wirklich dauerhaft steigern? Manager müssen sich mit Motivation beschäftigen, denn täglich stehen sie vor der Frage, wie sie mit ihren Mitarbeiter die geforderten Leistungen erbringen können.

> ■ *Motivation beschreibt die Summe aller Beweggründe (Motive) für das menschliche Handeln und Erleben. Motive legen fest, was Personen wollen oder wünschen. Sie führen dazu, dass Menschen in bestimmten Situationen in spezifischer Weise reagieren.* ■

Werfen wir einen kurzen Blick in die Forschung, begegnen wir unterschiedlichen Motiven. Während die primären Motive angeboren sind (Hunger, existentielle Bedürfnisse), interessieren den Manager bei der Mitarbeiterführung vor allem die sekundären Motive. Damit sind die Beweggründe des menschlichen Verhaltens gemeint, die aufgrund eines Lernprozesses erworben werden, wie etwa Einkommen oder Karriere.

Die Theorie unterscheidet weiter zwischen intrinsischen und extrinsischen Motiven:

- Als intrinsisch motiviert wird ein Verhalten angesehen, bei dem Handlungen oder Handlungsergebnisse um ihrer selbst Willen angestrebt werden. Im betrieblichen Alltag sind vor allem die intrinsischen Motive Leistung, Macht, Sinngebung oder Selbstverwirklichung von Bedeutung.

- Als extrinsisch motiviert wird ein Verhalten angesehen, wenn äußere Belohnungen angestrebt werden. D. h. das Leistungsverhalten ist ein Instrument, um die angestrebte Belohnung zu erlangen.

Anreize hierfür können nicht nur materieller Art sein – also finanziell erfassbare Belohnungen wie Einkommen, Zusatzleistungen und bestimmte Konsumleistungen –, sondern auch immaterieller Art, wie zum Beispiel Sicherheit, Karriere, Prestige und Kontakt.

Diese Motivationstheorien sollten Sie kennen

Zur Erklärung des menschlichen Verhaltens wurden eine Reihe von Motivationstheorien entwickelt. Ein in der Managementliteratur sehr populärer, aber inzwischen zeitlich überholter Ansatz ist die Bedürfnishierarchie von Maslow, nach der sich die Bedürfnisse aller Menschen wie folgt gruppieren lassen:

1 physiologische Bedürfnisse: Nahrung, Schlaf
2 Sicherheitsbedürfnisse: Schutz vor Gefahren, wirtschaftliche Sicherheit
3 soziale Bedürfnisse: Kontakt, Zugehörigkeit, Zuneigung
4 Achtungsbedürfnisse: Ansehen, Status, Anerkennung, Prestige
5 Bedürfnisse nach Selbstverwirklichung: Nutzung und Entfaltung der in einem Individuum vorhandenen Möglichkeiten

Die ersten vier Bedürfnisse bezeichnet Maslow als Defizitbedürfnisse. Sie werden nur bei Mangelzuständen aktiviert und verlieren nach ihrer Befriedigung ihre aktivierende Kraft. Die fünfte Ebene, das Bedürfnis nach Selbstverwirklichung, gilt als Wachstumsbedürfnis – das heißt, es kann niemals vollkommen befriedigt werden. Es wird allerdings erst aktiviert, wenn die untergeordneten Defizitbedürfnisse weitgehend befriedigt sind.

Ebenfalls einen hohen Bekanntheitsgrad hat die Zwei-Faktoren-Theorie von Herzberg erreicht, nach der zwei Bereiche die Arbeitssituation bestimmen: Hygienefaktoren (*dissatisfiers*) lassen je nach Ausprägung Unzufriedenheit entstehen, führen aber niemals zur Zufriedenheit (z. B. das Arbeitsentgelt). Motivatoren (*satisfiers*) steigern dagegen die Zufriedenheit (z. B. eine attraktive Aufgabenstellung).

Die Erwartungs-Valenz-Modelle schließlich gehen davon aus, dass die Motivation einer Person von der Attraktivität der Sache und der subjektiv wahrgenommenen Wahrscheinlichkeit, das Ziel zu erreichen, abhängig ist.

Wie lassen sich Mitarbeiter motivieren?

Eine Reihe von betrieblichen Faktoren können die Arbeitszufriedenheit und damit die Motivation beeinflussen:

- Betriebsklima
- Führungsstil (siehe S. 37)
- Personalentwicklung (siehe S. 113)
- interessante und verantwortungsvolle Aufgabengebiete (siehe S. 122)
- Mitarbeiterbeteiligung (siehe S. 119)
- gerechte Entlohnung (siehe S. 115)

Information und Kommunikation

Führen ohne Informationsweitergabe und Kommunikation funktioniert nicht, egal, ob nun formelle, vom Unternehmen vorgesehene Wege oder informelle Wege genutzt werden. Eine zielgerichtete, bewusst geförderte interne Kommunikation verhindert Gerüchte. Die interne Kommunikation funktioniert dann optimal, wenn sie nicht nur von oben nach unten, sondern auch von unten nach oben stattfindet. Nicht zu steuern, aber dennoch enorm wichtig ist die informelle Kommunikation, die aufgrund sozialer Beziehungen entsteht.

■ *Informierte Mitarbeiter sind die besseren Mitarbeiter, da sie über den Tellerrand ihres eigenen Arbeitsplatzes hinausschauen und unternehmerische Gesamtzusammenhänge erkennen können. Dies trägt zu einer erhöhten Motivation bei.* ■

Die beiden wichtigsten Instrumente der Mitarbeiterkommunikation sind das Mitarbeitergespräch und die Mitarbeiterbesprechung.

Wann und wozu Mitarbeitergespräche?

Der Begriff Mitarbeitergespräch wird überwiegend als Sammelbegriff für alle Gespräche verwendet, die der unmittelbare oder ein höherer Vorgesetzter mit seinen Mitarbeitern führt. Sie können grundsätzlich auf allen hierarchischen Ebenen geführt werden. Als Anlass kommen alle aus der Zusammenarbeit zwischen Vorgesetzten und Mitarbeitern entstehenden Gesprächssituationen in Frage: etwa die Einführung neuer Mitarbeiter, Anerkennung und Kritik, Information über betriebliche Veränderungen, Austrittsgespräch, Beurteilungsgespräch, Gespräche zur Zielvereinbarung, Fördergespräch, Lohn- und Gehaltsgespräche, Rückkehrgespräche, Gespräche über die Arbeitssicherheit.

■ *Regelmäßige Mitarbeitergespräche dienen der Verbesserung des Vorgesetzten-Mitarbeiter-Verhältnisses; sie fördern die Offenheit und das gegenseitige Verständnis und erleichtern die Zusammenarbeit.* ■

Tägliches To Do der Führungskraft: Besprechungen

Mitarbeiterbesprechungen gehören zur Routine einer Führungskraft. In vielen Unternehmen stehen täglich solche Gespräche in der Gruppe an. Dabei kann es um reine Information, Erfahrungsaustausch, gemeinsames Problemlösen, aber auch um Ausräumen von Meinungsverschiedenheiten oder die Schlichtung eines Konflikts gehen.

Wie das Mitarbeitergespräch kann auch die Mitarbeiterbesprechung aus aktuellem Anlass erforderlich werden oder in festem Turnus stattfinden. Turnusmäßige Besprechungen sind z. B.

- die monatlichen Besprechungen über die anstehenden Aufgaben und Projekte,
- regelmäßige Projektbesprechungen mit allen Projektbeteiligten,
- jährliche Strategiebesprechungen über die Zielsetzungen der Abteilung im Folgejahr.

Wie Unternehmen Werte etablieren

Wer oder was bestimmt, in welche Richtung das Unternehmen prinzipiell gesteuert wird? Und wo seine Prinzipien liegen? Wer diese Fragen beantwortet haben möchte, untersucht die vom Unternehmen verfolgte Philosophie, in der ganz grundsätzliche Entscheidungen zum Ausdruck gebracht werden, und sieht sich die Unternehmenskultur an.

Warum Unternehmen eine Philosophie brauchen

Die Unternehmensphilosophie stellt das oberste Wertsystem der Unternehmung, die für alle Mitglieder gültige weltanschauliche Grundordnung dar und umfasst die drei Komponenten Menschenbild, Gesellschaftsbild (Bezug des Unternehmens zur Gesellschaft und Politik) und Betriebsleitbild (Bezug des Unternehmens zum Wettbewerb und den anderen Wirtschaftsobjekten).

> ◼ *Von Unternehmensgrundsätzen bzw. einem Unternehmensleitbild wird gesprochen, wenn die Unternehmensphilosophie schriftlich dokumentiert wird.* ◼

In so einem Leitbild stehen:

- Unternehmensfunktion bzw. Unternehmenszweck. Dazu zählen eine Definition des Produktions- oder Dienstleistungsprogramms nach Art und Eigenschaften sowie Angaben über die anzusprechenden Abnehmer und Märkte.

- die grundlegenden Unternehmensziele und die damit verbundenen Strategien (siehe S. 85)

- wesentliche Prinzipien für das Verhalten der Mitglieder des Unternehmens gegenüber den verschiedenen Anspruchsgruppen (z. B. Mitarbeiter, Anteilseigner, Marktpartner oder Staat und Öffentlichkeit)

- methodische Prinzipien eines Leitungskonzepts (z. B. Prinzipien eines partnerschaftlichen Führungsstils)

Konkretisiert wird die Unternehmensphilosophie durch die sog. Unternehmenspolitik. Sie umfasst langfristig wirksame Grundsatzentscheidungen, die darauf ausgerichtet sind, die Unternehmung in ihrer Existenz zu sichern.

Die Unternehmenskultur

In jedem Unternehmen entwickeln sich bestimmte Verhaltensnormen, Wertvorstellungen, Traditionen oder Denk- und Handlungsweisen, kurz: eine Unternehmenskultur, wobei die Unternehmensleitung hier eine ganz besondere Vorbildfunktion hat. Eine starke Unternehmenskultur prägt das ganze Unternehmen, von den Entscheidungen der Führungskräfte bis hin zum Verhalten der Mitarbeiter gegenüber Kunden. Starke Unternehmenskulturen zeigen starke Wirkungen – doch die müssen nicht immer positiv sein, wie die nachfolgende Tabelle zeigt.

Wirkungen von Unternehmenskulturen

Positive Effekte	Negative Effekte
• Handlungsorientierung durch klare Richtlinien und Orientierungsmuster	• Betriebsblindheit durch Wahrnehmungsfilterung
• reibungslose Kommunikation, weniger Missverständnisse und weniger Interpretationsfehler	• Tendenz zum Abkapseln, zur Selbstüberschätzung, zum Ignorieren von Kritik und Warnsignalen
• rasche Entscheidungsfindung durch schnelle Einigung	• Blockierung neuer Orientierungen, Festhalten an alten Erfolgsmustern
• problemlose Umsetzung auf Grund der breiten Akzeptanz	• Widerstand gegenüber Veränderungen und Innovationen
• geringer Kontrollaufwand dank der verinnerlichten Verhaltensmuster	• Mangel an Flexibilität, geringe Anpassungsfähigkeit
• „Wir-Gefühl" fördert Motivation, Teamgeist und Loyalität	

Von einer starken Unternehmenskultur kann man sprechen,

- je intensiver die Mitarbeiter die Werte und Normen verinnerlicht haben und je deutlicher ihr Verhalten von der Unternehmenskultur geprägt ist,

- je mehr Mitarbeiter die kulturellen Werte und Normen teilen,

- je besser die Unternehmenskultur zum Führungs- und Organisationssystem, zur Unternehmenspolitik oder zum Zielsystem passt,

- und je besser die Werte und Normen der Unternehmung mit denen der Umwelt bzw. der Gesellschaft (Umweltvereinbarkeit) übereinstimmen.

Eine bekannte Typologie haben Deal/Kennedy entwickelt: Nach den beiden Kriterien Risikobereitschaft und Feedback aus dem Markt unterscheiden sie vier Kulturtypen:

Typische Unternehmenskulturen

Risikograd der Geschäftsaktivitäten	hoch	Analytische Projekt-Kultur: hohes Risiko bei langsamem Feedback und ständig hohem Erfolgsdruck	Alles-oder-Nichts-Kultur: Mitarbeiter sind Individualisten, die hohes Risiko eingehen; schnelles Feedback
	niedrig	Prozess-Kultur: Konzentration, wie etwas getan wird, nicht was getan wird; geringes Risiko; langsames Feedback	Brot-und-Spiele-Kultur: Aktivität ist entscheidend; Erledigung vieler Dinge bei geringem Risiko
Feedback vom Markt		langsam	schnell

> *Eine fest verankerte Unternehmenskultur kann echte Stärke nach innen und außen signalisieren. Wenn ein starkes Wir-Gefühl im Unteneh-men existiert, gibt es weniger Konfliktpotenzial.*

Vermittelt ein stimmiges Image: Corporate Identity

Wie sich ein modernes Unternehmen nach außen präsentiert, wird nicht dem Zufall überlassen. Durch Corporate Identity (CI) schafft sich eine Unternehmung bewusst eine Identität. Das dabei vermittelte Erscheinungsbild soll positiv und vor allem unverwechselbar sein, sodass Produkte und Mitarbeiter mit diesem Image in Verbindung gebracht werden und sich das Unternehmen positiv von seinen Konkurrenten abhebt.

> *Corporate Identity ist die bewusst entwickelte, ganz individuelle Persönlichkeit eines Unternehmens. Diese Persönlichkeit wird sowohl innerhalb des Unternehmens, z. B. im Verhältnis der Mitarbeiter und der Führung zueinander, als auch außerhalb, z. B. im Verhältnis zum Kunden oder zu den Medien spürbar.*

Wie schafft man eine Corporate Identity?

Instrumentarium des CI ist das sog. Identitäts-Mix. Damit werden nicht nur ein einheitliches Erscheinungsbild (Corporate Design und Corporate Image), sondern auch Verhaltensweisen und eine unternehmensweite Kommunikationsweise festgelegt.

Für ein Corporate Design ist der Umstieg auf ein modernes Logo und die dazu passenden Briefbögen bei weitem nicht ausreichend, wenn dies auch vielleicht der Baustein ist, den die breite Öffentlichkeit besonders deutlich wahrnimmt. Die Bereiche des Corporate Design betreffen:

- das Unternehmen (Name, Slogan, Marke),
- die Produkte (Material, Farben, Formen, Verpackungen),
- die Kommunikationsmittel (Layout, grafische Darstellungen)
- die Gestaltung der Betriebsgebäude (Räume, Form und Größe, Orientierungshilfen, Innenarchitektur, Ambiente).

Wie verbale und visuelle Botschaften übermittelt werden sollen, legt man mit den Corporate Communications fest (siehe nächste Seite). Die Kommunikation ist innerhalb der CI sicher der flexibelste Baustein, da sie sich jeden Tag mit jedem Ereignis anders gestalten kann (z. B. der Umgang der Führungskräfte mit den Mitarbeitern).

Das Corporate Behaviour legt Verhaltensweisen im Unternehmen fest. Denn es geht beim Image nicht nur um die Qualität der Produkte, sondern auch um die Qualität der Beziehungen, die das Unternehmen zu Mitarbeitern, Kunden, Lieferanten oder Kapitalgebern knüpft: Je mehr es gelingt, durch ein positives Verhalten aufzufallen, desto besser für die wirtschaftlichen Ziele des Unternehmens. Umgekehrt gilt, dass durch die Macht der Massenmedien Fehltritte oder Skandale für eine Firma weitreichende Folgen haben können.

Mittel der Corporate Communications	
Interne Kommunikation	Externe Kommunikation
• Schwarzes Brett	• Pressemitteilungen und Pressekonferenzen
• Mitarbeitergespräche und -besprechungen	• Prospekte
• Firmenzeitung/Hauszeitung	• Messen, Ausstellungen
• E-Mail	• Beschriftungen (Schilder, Fahrzeuge, Gebäude)
• Aus- und Weiterbildung	• Personalwerbung
• Sport- und Freizeitveranstaltungen für Mitarbeiter	• Geschäftsberichte
• Jubiläen	• Serviceleistungen
• Betriebsausflüge	• Handelswerbung
• Tag der offenen Tür	• Endverbraucherwerbung
• Einbindung von Pensionären	• Produkt-PR
• Betriebsversammlungen	• Verkaufsförderung (für Außendienst, Einkauf, Endverbraucher)

Intern wirken im Idealfall alle Aktivitäten darauf hin, den Mitgliedern eine Art Zugehörigkeitsgefühl (Wir-Gefühl) zu vermitteln.

Umweltmanagement – noch nicht weit verbreitet

Im betriebswirtschaftlichen Sinn zählen zur Umwelt sämtliche Einflussfaktoren, die von außerhalb auf das Unternehmen einwirken:

- natürliche Umwelt (z. B. Natur, Öko-System)
- politisch-gesetzliche Umwelt (z. B. Rechtsordnung)
- technische Umwelt (z. B. neue Technologien, Materialien, Kommunikation, Verkehr)
- soziale Umwelt (z. B. Einflüsse des privaten Bereichs)
- geistige Umwelt (z. B. Erkenntnisse der Wissenschaft)
- wirtschaftliche Umwelt (z. B. Konjunktur, Wettbewerbssituation, Märkte)

Besondere Bedeutung erhält in den letzten Jahren die Bewältigung ökologischer Umweltprobleme. Von den Betrieben wird heutzutage mehr als nur eine optimale Versorgung mit Gütern und Dienstleistungen erwartet. Gefordert werden auch Anpassung und Unterstützung bei der Durchsetzung sozialer und insbesondere ökologischer Interessen.

> ■ *Der betriebliche Umweltschutz hat sich in den vergangenen zwei Jahrzehnten zu einem eigenständigen Unternehmensziel entwickelt; das betriebliche Umweltschutzmanagement stellt eine neue unternehmerische Führungsaufgabe dar.* ■

Mit Hilfe des Umweltmanagements versuchen Unternehmen Risikopotenziale im betrieblichen Umweltschutz rechtzeitig aufzudecken, um damit die Kosten zu minimieren und die Wettbewerbsfähigkeit des Unternehmens zu sichern.

Defensives oder offensives Konzept?

Viele Unternehmen entscheiden sich allerdings beim betrieblichen Umweltmanagement für ein defensives Verhalten. Das bedeutet, Untätigkeit überwiegt, man reagiert allenfalls auf die gesetzlichen bzw. vom Markt ausgehenden Anforderungen. Die nach dem offensiven Umweltmanagementkonzept handelnden Betriebe versuchen hingegen, die Umweltschutzanforderungen in die betrieblichen Abläufe zu integrieren. Ziel ist es, diese Anforderungen nicht nur zu erfüllen, sondern sie als betriebswirtschaftliches Instrument zu benutzen, um möglichst alle denkbaren Vorteile eines umweltbewussten Verhaltens für den Betrieb zu aktivieren.

Instrumente des Umweltmanagements sind z. B.:

- Öko-Audit: Im Rahmen dieser Umweltbetriebsprüfung werden die Leistungen der Organisation, des Managements und die Abläufe zum Schutz der Umwelt regelmäßig dokumentiert und objektiv bewertet.

- Öko-Bilanzen: Zeigen ökologische Schwachstellen im Unternehmen auf. Daraus werden dann umweltpolitische Ziele abgeleitet, die schließlich in einer konkreten Umsetzung betrieblicher Umweltschutzmaßnahmen münden.

Controlling, Finanz- und Rechnungswesen

Während Finanz- und Rechnungswesen das Rückgrat der Unternehmung bilden, könnte man das Controlling als sein betriebswirtschaftliches Gewissen bezeichnen. Worum geht es in diesen recht zahlenlastigen Bereichen?

Finanzwirtschaft

Um eine Produktion überhaupt zum Laufen zu bringen, braucht ein Unternehmen Geld. Dem sog. güterwirtschaftlichen Prozess, der von der Materialwirtschaft über die Produktion bis zum Absatz reicht, steht auf der anderen Seite ein geldwirtschaftlicher Prozess gegenüber – die Finanzwirtschaft. Dabei unterscheidet die BWL die beiden Teilbereiche Finanzierung und Investition (siehe nächstes Kapitel).

Der Finanzbereich ist enorm wichtig – und naturgemäß werden wir in diesem Kapitel um ein paar „trockene" betriebswirtschaftliche Begriffe nicht herumkommen.

Wie finanziert sich ein Unternehmen?

Der Begriff „Finanzierung" wird in der Literatur und Praxis nicht einheitlich definiert. Im engeren Sinne versteht man unter Finanzierung alle Maßnahmen der Versorgung einer Unternehmung mit Kapital (womit nur solche Finanzierungsvorgänge angesprochen werden, die sich auf der Passivseite der Bilanz niederschlagen). Als Finanzierung im weiteren Sinne wird jede Versorgung der Unternehmung mit Geldmitteln bezeichnet. Diese Definition deckt sowohl die externe Kapitalaufbringung als auch die interne Kapitalbereitstellung ab.

Von wo kommt das Geld?

Kapital, das ein Unternehmen erhält, kann von außen kommen oder aus dem Unternehmen selbst stammen – man spricht dabei von Außen- bzw. Innenfinanzierung. Stammt das Kapital von externen Kapitalgebern, kann es sich entweder um Eigen- oder Fremdkapital handeln. Eigenkapital kann in Form der Eigen- oder Beteiligungsfinanzierung beschafft werden, z. B. wenn die Kapitalanteile der vorhandenen Gesellschafter erhöht werden oder wenn neue Gesellschafter eintreten.

> ■ *Während börsenfähige Aktiengesellschaften neue Aktien ausgeben können, um wieder zu Geld zu kommen, scheitert bei kleineren Unternehmen die Eigenfinanzierung vielfach daran, dass die Gesellschafter neben ihrem Geschäftsvermögen kein wesentliches Privatvermögen besitzen. Und wenn stattdessen neue Gesellschafter aufgenommen werden, gibt man gleichzeitig ein Stück seiner unternehmerischen Unabhängigkeit auf.* ■

Das Unternehmen kann sich auch mit Fremdkapital versorgen (Fremd- oder Kreditfinanzierung). Nicht nur für die Bilanz ist dann wichtig, ob dieses Geld, etwa von einer Bank, langfristig oder kurzfristig überlassen wurde (je nachdem spricht man von langfristiger bzw. kurzfristiger Fremdfinanzierung):

- Zu den langfristigen Finanzierungsmitteln zählen Obligationen, Schuldscheindarlehen, Hypothekarkredite, Grundschulden und das Leasing.

- Zur kurzfristigen Fremdfinanzierung zählen Lieferantenkredite, Anzahlungen von Kunden und kurzfristige Bankkredite.

Doch der Betriebswirt hat noch weitere Kriterien für die Finanzierung: Bei der sog. Innenfinanzierung wird Kapital aus der Unternehmung selbst für Finanzierungszwecke verwendet, etwa in Form von Gewinnen, die nicht ausgeschüttet werden, sondern als offene Rücklagen (gesetzliche oder freie) im Unternehmen verbleiben. Diese offenen Rücklagen werden dann auf der Passivseite der Bilanz ausgewiesen. Man bezeichnet diesen Fall als offene Selbstfinanzierung.

Im Gegensatz dazu spricht man von stiller Selbstfinanzierung, wenn durch Unterbewertung der Vermögensgegenstände oder Überbewertung von Schulden stille Rücklagen gebildet werden – ebenfalls eine Maßnahme, die im Zuge der Bilanzierung erfolgt. Ein weiterer Fall der Innenfinanzierung ist die Finanzierung aus Rückstellungen (z. B. bei Pensionsrückstellungen oder bei Rückstellungen für Bergschäden).

▪ Rückstellungen werden für Risiken gebildet, deren Eintreten mit hoher Wahrscheinlichkeit erwartet wird. Sie gehören zwar wie Verbindlichkeiten zum Fremdkapital, Höhe und Auszahlungstermin stehen jedoch nicht fest. Der Finanzierungseffekt entsteht, weil durch die Bildung von Rückstellungen zwar in der Gewinn- und Verlustrechnung ein Aufwand entstanden ist, dieser aber nicht sofort zu Ausgaben führt. Ähnliche Überlegungen gelten auch für die Finanzierung aus Abschreibungen. ▪

Auch Abschreibungen sind Aufwendungen, die nicht kurzfristig zu Ausgaben werden. Abschreibungen sorgen für eine periodengerechte Verteilung der Ausgaben für Wirtschaftsgüter. Erstreckt sich die Nutzung eines erworbenen Wirtschaftsgutes über mehrere Geschäftsjahre, werden die Anschaffungs- oder Herstellungskosten über die Jahre verteilt, in denen das Gut dem Betrieb zur Verfügung steht.

Auch durch Leasing und Factoring können die Finanzierungsprobleme einer Unternehmung gelöst werden:

- Beim Leasing zahlt der Unternehmer für Güter wie Autos, Maschinen etc. an die Leasinggesellschaft eine Art Miete und erspart sich dadurch große Investitionen.

- Factoring bedeutet: Das Unternehmen verkauft Forderungen aus Lieferungen und Leistungen (Rechnungen) vor ihrer Fälligkeit an eine Bank. Die Bank schreibt dem Unternehmen die offenen Forderungen sofort nach Rechnungsstellung gut und sichert somit dessen Liquidität.

Finanzierungsregeln setzen Richtwerte

Als Finanzierungsregeln werden wissenschaftliche oder aus der Praxis abgeleitete Verhaltensnormen bezeichnet, durch die die Gestaltung der Kapitalstruktur bestimmt wird. Hierbei kommen u. a. bestimmte Größen aus der Bilanz ins Spiel.

> *Der Wert der Finanzierungsregeln für die Praxis ist umstritten. Dennoch werden sie sowohl von den für die Finanzierung Verantwortlichen selbst als auch von den Kredit gebenden Institutionen (z. B. Banken) als Entscheidungshilfe berücksichtigt.*

Die sog. vertikalen Finanzierungsregeln (Kapitalstrukturregeln) beziehen sich ausschließlich auf das Verhältnis der Kapitalteile zueinander. Die 1:1-Regel verlangt, dass das Eigenkapital mindestens so groß ist wie das Fremdkapital. Gelegentlich wird auch ein Verhältnis von 2:1 als betriebswirtschaftlich sinnvoll angesehen.

Die horizontalen Finanzierungsregeln beinhalten eine Aussage über die Relation von Kapital und Vermögen. Die goldene Finanzierungsregel (auch goldene Bankregel) fordert, dass die Investitionsdauer nicht länger als die Finanzierungsdauer sein darf. Aufgenommenes Fremdkapital darf demgemäß nur in solche Vermögensgegenstände fließen, die sich spätestens zum Zeitpunkt der Kredittilgung wieder verflüssigt haben (Prinzip der Fristenentsprechung).

Die goldene Bilanzregel bestimmt, dass das Anlagevermögen durch Eigenkapital bzw. sehr langfristiges Fremdkapital gedeckt wird, während das Umlaufvermögen durch kurz- und mittelfristiges Fremdkapital zu finanzieren sei. Eine strengere Version besagt, dass neben dem Anlagevermögen auch die langfristig gebundenen Teile des Umlaufvermögens (z. B. der eiserne Bestand) langfristig zu finanzieren seien.

Immer schön flüssig: Liquiditätsregeln

Eine gute Finanzierung bedeutet auch, Ausgaben und Einnahmen so zu steuern, dass das Unternehmen seine Verbindlichkeiten uneingeschränkt erfüllen kann, kurz: dass es zu jeder Zeit liquide ist. Die Liquidität kann anhand von Kennzahlen (ebenfalls aus Bilanzpositionen) errechnet werden, wobei verschiedene Liquiditätsregeln das Verhältnis von Teilen des Umlaufvermögens zu kurzfristigen Verbindlichkeiten ausdrücken. Allerdings sind sämtliche Formeln stichtagbezogen – das heißt, sie spiegeln den momentanen Status wider und sagen nichts über die künftige Liquidität des Unternehmens aus.

$$\text{Liquidität 1. Grades} = \frac{\text{Flüss. Mittel} + \text{kurzfrist. Forderungen}}{\text{kurzfrist. Verbindlichkeiten}}$$

$$\text{Liquidität 2. Grades} = \frac{\text{gesamtes Umlaufvermögen}}{\text{kurzfrist. Verbindlichkeiten}}$$

Die Liquidität 1. Grades wird auch Geldliquidität, die 2. Grades auch Liquidität des Umlaufvermögens genannt.

Investitionswirtschaft

Investitionsentscheidungen zählen zu den schwierigsten Entscheidungen im Unternehmen. Aus Sicht der betrieblichen Praxis bedeutet Investition den Kauf von Gegenständen des Anlagevermögens wie Grundstücke, Gebäude und Maschinen. Im betriebswirtschaftlichen Sinne ist jede Umwandlung von Geld in Produktivgüter eine Investition.

Investitionsarten

Nach der Art der erworbenen Güter werden unterschieden:

- Sachinvestitionen: Sie ermöglichen den Leistungsprozess im Unternehmen oder sind direkt daran beteiligt, z. B. der Kauf einer Maschine.
- Finanzinvestitionen: Sie beziehen sich auf das Finanzanlagevermögen. Dazu zählen Forderungsrechte wie Bankguthaben, festverzinsliche Wertpapiere oder gewährte Darlehen und Beteiligungsrechte, die eine wirtschaftliche Einflussnahme auf die Geschäftspolitik anderer Unternehmen ermöglichen.

- Immaterielle Investitionen schaffen oder verändern immaterielle Leistungsreserven. Sie betreffen vorwiegend den Absatzbereich (z. B. werbende Investitionen), den Forschungs- und Entwicklungsbereich (z. B. Entwicklung neuer Produkte) und den Personalbereich (z. B. Investitionen in die Aus- und Weiterbildung).

Bildungsinvestitionen sind Investitionen in das Humanvermögen, die nach heutiger Auffassung für die Produktivität und das Wachstum der Unternehmen ebenso bestimmend sind wie die maschinelle Ausstattung. Eine Ermittlung des Investitionserfolgs ist wegen des Quantifizierungsproblems von Bildungsleistungen nur schwer möglich.

Beurteilt Risiken: Investitionsrechnung

Bei jeder Investition ist zu beurteilen, ob das dafür investierte Geld eine entsprechende Rendite erwirtschaftet. Diese Aufgabe übernimmt die Investitionsrechnung. Bei den verschiedenen Berechnungsmethoden wird zwischen statischen und dynamischen Verfahren unterschieden.

Statische Investitionsrechnung

Bei den statischen Verfahren ist das Jahr der Investitionsnutzung entscheidend für die Berechnung. Alle durch die Investition betroffenen Aufwendungen und Erträge werden für dieses eine Jahr berechnet, weitergehende Wirkungen werden nicht berücksichtigt. Die Anschaffungsausgaben werden in Abschreibungen umgerechnet, die Zinsen für den gesamten Zeitraum konstant berechnet. Folgende Verfahren werden unterschieden:

Die Kostenvergleichsrechnung vergleicht alternative Investitionsvorschläge auf der Basis durchschnittlicher Jahreskosten. Sie nimmt an, dass die Erträge durch die Wahl des Investitionsvorhabens generell nicht beeinflusst werden. Die Kostenvergleichsrechnung erlaubt eine grobe Einschätzung der Wirtschaftlichkeit, besonders bei Ersatz- und Rationalisierungsinvestitionen.

Bei der Gewinnvergleichsrechnung geht es um den durchschnittlichen Gewinn pro Jahr für eine Investition. Damit lassen sich auch verschiedene Investitionsmöglichkeiten vergleichen. Erträge und Aufwendungen werden immer als konstant angenommen.

> ■ *Die Gewinnvergleichsrechnung eignet sich, wenn es um kleine Erweiterungsinvestitionen geht. Sie erlaubt eine gute Einschätzung der Wirtschaftlichkeit.* ■

Die Amortisationsmethode beantwortet die Frage, ab welchem Zeitpunkt sich eine Investition amortisiert. Die Amortisationsdauer kann mit folgender Formel bestimmt werden:

$$\text{Amortisationsdauer} = \frac{\text{Kapitaleinsatz}}{\text{Gewinn} + \text{Abschreibungen}}$$

Bei einer Ersatzinvestition wird in der Formel der Gewinn durch die Kostenersparnis ersetzt.

Wichtige Größen: Rentabilitätszahlen

Ein weiteres wichtiges Verfahren ist die Rentabilitätsrechnung: Hierbei wird der durchschnittliche Jahresgewinn einer

Investitionsalternative zum durchschnittlich gebundenen Kapital ins Verhältnis gesetzt. Die Grundformel lautet:

$$\text{Rentabilität} = \frac{\text{Gewinn} \times 100}{\text{Kapital}}$$

In einer erweiterten Form ist die Rentabilitätsrechnung unter der Bezeichnung Return on Investment (ROI) bekannt geworden. Man bezieht dabei den Jahresumsatz einfach durch eine Erweiterung des Bruchs ein, wodurch sich die Kennzahl in zwei weitere Kennzahlen, den Kapitalumschlag und die Umsatzrentabilität, zerlegen lässt. Auf diese Weise kann der Betriebswirt ersehen, wie sich die Rentabilität des Kapitals steigern lässt: entweder durch eine Erhöhung des Kapitalumschlags und/oder durch eine Steigerung der Umsatzrentabilität.

$$\text{ROI} = \frac{\text{Gewinn}}{\text{Umsatz}} \times \frac{\text{Umsatz}}{\text{Invest. Kapital}} \times 100$$

■ *Statische Verfahren sind nur für eine kurzfristige Betrachtung geeignet. Nur in diesem Fall lassen sich konstante Größen wie z. B. Kosten und Gewinne zuverlässig kalkulieren.* ■

Dynamische Verfahren

Anders als statische berücksichtigen dynamische Verfahren die zeitlichen Unterschiede zwischen Ausgaben und Einnahmen, rechnen also Zinsen mit ein. Dadurch kann ermittelt werden, ob eine Investition rentabler ist als eine entsprechende Geldanlage am Kapitalmarkt. Je später eine

Einnahme zufließt, desto niedriger wird sie in der dynamischen Investitionsrechnung bewertet.

Bei der Kapitalwertmethode werden alle mit der Investition verbundenen Ein- und Auszahlungen durch einen Kalkulationszinssatz auf den Kalkulationszeitpunkt abgezinst. Ist der Kapitalwert gleich oder größer Null, handelt es sich um eine vorteilhafte Investition. Bei mehreren Alternativen mit positivem Kapitalwert ist das Projekt mit dem höchsten Kapitalwert vorzuziehen.

Bei der Annuitätenmethode wird der Kapitalwert mit Hilfe des Kapitalwiedergewinnungsfaktors in eine Reihe gleich hoher Kapitalrückflüsse (Annuitäten) übertragen.

Rechnungswesen

Aus rechtlichen und unternehmenspolitischen Gründen ist es erforderlich, sämtliche Vorgänge im Unternehmen zu erfassen und auszuwerten. Einen Großteil dieser Aufgabe übernimmt das betriebliche Rechnungswesen, das sämtliche Verfahren und Regeln umfasst, die einer systematischen Erfassung und Verarbeitung der in Zahlen ausdrückbaren wirtschaftlichen Vorgänge dienen. Der Gesamtkomplex des Rechnungswesens wird im Allgemeinen in folgende vier Teilbereiche untergliedert:

- Finanzbuchhaltung und Jahresabschluss
- Kostenrechnung
- Betriebsstatistik
- Planungsrechnung

Grundbegriffe des Rechnungswesens

Wenn im Unternehmen gerechnet wird, dann nicht nur mit dem Geld, das eingeht und ausgezahlt wird. Die Sache ist wesentlich komplexer, schon alleine, weil das Steuerrecht hier komplizierte Vorgaben macht. Im Rechnungswesen hat sich daher zur Bezeichnung der verschiedenen Wertbewegungen eine feste Terminologie herausgebildet:

- **Auszahlungen und Einzahlungen:** Zahlungsmittelbeträge, durch die der Bestand an liquiden Mitteln vermindert bzw. erhöht wird. Das ist bei allen Bargeschäften der Fall, z. B. bei Barkauf von Produktionsfaktoren oder beim Barverkauf von Fertigerzeugnissen.

- **Ausgaben und Einnahmen (Erlöse):** Das geldmäßige Äquivalent für den Kauf bzw. Verkauf von Gütern und / oder Dienstleistungen, worunter auch der Bestand an Forderungen und Verbindlichkeiten fällt, z. B. wenn etwas auf Kredit gekauft wurde.

- **Aufwand und Ertrag:** Aufwand ist der gesamte, während einer Abrechnungsperiode verursachte bewertete Verzehr von Gütern und Dienstleistungen. Der Ertrag ist der in einer Periode erwirtschaftete Bruttowertzuwachs einer Unternehmung. Die Periodenbezogenheit macht Abgrenzungen zu den Ausgaben und Einnahmen erforderlich.

Beispiel

Wenn Löhne für den Monat Dezember erst im Januar bezahlt werden und Abrechnungsperiode und Kalenderjahr sich decken, dann erfolgt die *Ausgabe* erst im neuen Jahr, obwohl der *Aufwand* noch das alte Jahr betrifft (Rechnungsabgrenzung).

- **Kosten** sind der in Geld bewertete Güterverzehr zur Erstellung der betrieblichen Leistung. Leistungen sind die im Produktionsprozess erstellten und in Geld bewerteten Güter bzw. Dienstleistungen.

Aufwendungen und Erträge sind Begriffe der Finanzbuchhaltung, Kosten und Leistungen sind Begriffe der Kostenrechnung (s. u.). Während die Aufwendungen sämtliche Vorgänge des Güterverzehrs einer Periode erfassen, knüpfen die Kosten nur an die betriebliche Leistungserstellung an. Nur in diesem Bereich decken sich Aufwendungen und Kosten; man spricht von Zweckaufwand und Grundkosten.

Führt zum Jahresabschluss: die Finanzbuchhaltung

In der Finanz- oder Geschäftsbuchhaltung werden vor allem die Außenbeziehungen der Unternehmung dargestellt. Alle in Zahlenwerten festgehaltenen, wirtschaftlich bedeutsamen Vorgänge werden mit Hilfe von Belegen erfasst und im System der doppelten Buchhaltung chronologisch und systematisch aufgezeichnet. Das wichtigste Ergebnis der Finanzbuchhaltung ist der Jahresabschluss, der aus der Jahresschlussbilanz und der Gewinn- und Verlustrechnung besteht.

Bereitet den Abschluss vor: Buchhaltung

In der heutigen Wirtschaftspraxis dominiert die doppelte Buchhaltung (auch Doppik). Doppelte Buchführung, weil der Erfolg zweimal ermittelt wird: einmal in der Bilanz durch Gegenüberstellung von Vermögen und Kapital und zum anderen in der Gewinn- und Verlustrechnung durch Gegenüberstellung von Aufwendungen und Erträgen.

Die Geschäftsvorfälle in der Buchhaltung, in der Bilanz und in der Gewinn- und Verlustrechnung müssen nach bestimmten Regeln dargestellt werden, den sog. Grundsätzen ordnungsmäßiger Buchführung (GoB). Der formellen Ordnungsmäßigkeit dienen die Grundsätze der Klarheit und Übersichtlichkeit, zur materiellen Ordnungsmäßigkeit tragen die Grundsätze der Vollständigkeit und Richtigkeit bei. Obwohl der Gesetzgeber den Begriff der GoB nirgendwo definiert hat, verlangt er ihre Einhaltung in verschiedenen Gesetzen (z. B. HGB, Aktiengesetz, Einkommensteuergesetz).

Beispiel:
Nach dem Grundsatz der Klarheit sind die Posten gemäß ihrer Art eindeutig zu bezeichnen und übersichtlich zu gliedern.

Was besagt die Bilanz?

In der Bilanz werden zu einem bestimmten Zeitpunkt Vermögen und Kapital eines Betriebs einander gegenübergestellt. Die Kapital- oder Passivseite (= rechte Seite) zeigt die Herkunft der im Betrieb eingesetzten finanziellen Mittel; die Vermögens- oder Aktivseite (= linke Seite) gibt Aufschluss über deren Verwendung. Auf beiden Bilanzseiten wird also der gleiche Wert dargestellt, aber nach unterschiedlichen Gesichtspunkten. Das Vermögen wird in Anlagevermögen (z. B. Grundstücke, Maschinen) und Umlaufvermögen (z. B. Forderungen) unterteilt. Beim Kapital wird entsprechend seiner Herkunft in Eigenkapital (einschl. Rücklagen) und Fremdkapital unterschieden. Um eine exakte Abgrenzung des

Erfolgs einer Abrechnungsperiode von der folgenden zu ermöglichen, kommen als weitere Bilanzpositionen die Posten der Rechnungsabgrenzung hinzu.

Aufbau einer Bilanz

Aktiva	Bilanz zum ...	Passiva
A. Anlagevermögen 1. Immaterielle Vermögensgegenstände 2. Sachanlagen 3. Finanzanlagen B. Umlaufvermögen 1. Vorräte 2. Forderungen 3. Wertpapiere 4. Kassenbestand; Guthaben bei Kreditinstituten C. Rechnungsabgrenzungsposten		A. Eigenkapital 1. Gezeichnetes Kapital 2. Kapitalrücklage 3. Gewinnrücklage 4. Jahresüberschuss B. Rückstellungen C. Verbindlichkeiten D. Rechnungsabgrenzungsposten

Der Jahresabschluss erlaubt nach Ablauf des Geschäftsjahrs einen Einblick in die sachliche und finanzielle Struktur der Unternehmung sowie die Größen und Quellen des Erfolgs. Auch die aus der Steuergesetzgebung erwachsenden Aufzeichnungspflichten werden in der Finanzbuchhaltung wahrgenommen. Vielfach wird der handelsrechtlich vorgeschriebene Jahresabschluss so durchgeführt, dass er zugleich den steuerlichen Erfordernissen genügt. Ist dies nicht der Fall, dann muss neben der Handelsbilanz auch eine Steuerbilanz erstellt werden.

> ■ Die Steuerbilanz ist aus der Handelsbilanz abgeleitet. Handelsrechtliche Bilanzierungsgebote und -verbote müssen auch für die Steuerbilanz beachtet werden. Nur wenn zwingende steuerrechtliche Vorschriften andere Wertansätze bestimmen, können die Bilanzansätze von Handelsund Steuerrecht abweichen.   ■

Was die Gewinn- und Verlustrechnung aussagt

Wie der Geschäftserfolg eines Unternehmens entstanden ist und woraus er sich zusammensetzt, darüber gibt die Gewinn-und-Verlustrechnung (GuV) Auskunft. In der GuV werden sämtliche Aufwendungen und Erträge eines Geschäftsjahres einander gegenübergestellt. Wie wir schon gesehen haben, sind ja Aufwendungen und Erträge nur teilweise identisch mit den Ausgaben und Einnahmen (siehe S. 70); deshalb muss durch die Verrechnung von Abschreibungen und die Bildung von Rückstellungen und Rechnungsabgrenzungsposten sichergestellt werden, dass bei der Erfolgsrechnung nur solche Aufwendungen und Erträge berücksichtigt werden, die in der betreffenden Periode verursacht wurden.

Was besagt der Cashflow?

Die Daten des Jahresabschlusses braucht man auch zur Ermittlung des Cashflow. Diese Zahl benennt die Höhe des Überschusses einer Periode nach Abzug der Kosten, gibt also Auskunft über die Liquiditätslage eines Betriebs. Damit lässt sich prüfen, welche Geldmittel einem Unternehmen für

Investitionen, Schuldentilgung und Gewinnausschüttung zur Verfügung stehen. Da der Cashflow die finanzielle Stabilität des Betriebes widerspiegelt, ist er zudem ein wichtiges Kriterium für die Beurteilung der Kreditwürdigkeit.

Die Grundformel zur Berechnung des Cashflow lautet:

> Jahresüberschuss (Bilanzgewinn)
> \+ nicht zahlungswirksame Aufwendungen[1]
> − nicht zahlungwirksame Erträge[2]
> = Cashflow

[1] Abschreibungen, Zuführung zu Rückstellungen; [2] Auflösung von Rückstellungen

Macht Kosten transparent: die Kostenrechnung

Die Kostenrechnung erfasst alle im Betrieb anfallenden Kosten, verteilt sie und rechnet sie bestimmten Bereichen zu. Sie dient einerseits der Kontrolle, indem sie den Vergleich von geplanten und tatsächlich angefallenen Kosten ermöglicht, andererseits der Disposition, indem sie durch eine exakte Zurechnung der Kosten auf die Leistungen die notwendigen Unterlagen für die Preispolitik liefert.

Da die Kostenrechnung eine rein innerbetriebliche Angelegenheit ist, bleibt ihre Gestaltung völlig dem Ermessen des Betriebs überlassen. Dennoch wurden natürlich eine Reihe von Kostenrechnungsmethoden entwickelt – ein sehr komplexes Thema, das wir nur in Grundzügen darstellen können.

Kosten können definiert werden als bewerteter, betrieblich bedingter Leistungsverzehr. Die Kostenrechnung befasst sich mit drei zentralen Fragen:

Traditionelle Bereiche der Kostenrechnung

Kostenarten-rechnung	Kostenstellen-rechnung	Kostenträger-rechnung
Welche Kosten-arten sind an-gefallen?	Wo sind die verschiedenen Kosten ange-fallen?	Für welche Pro-dukte sind die Kosten ange-fallen?

Bildet die Grundlage: die Kostenartenrechnung

Die Kostenartenrechnung dient der vollständigen und syste-matischen Erfassung sämtlicher bei der Leistungserstellung in einer Periode verzehrten Kostengüter. Sie bildet den Aus-gangspunkt für die übrigen Bereiche der Kostenrechnung.

> ■ *Eine Kostenart ist der Inbegriff aller Kosten, die sich durch mindestens ein Merkmal von allen anderen Kosten des Betriebes unterscheiden.* ■

Nach der Art der verbrauchten Kostengüter werden fünf Hauptkostengruppen unterschieden:

- Zu den Personalkosten zählen Löhne und Gehälter, ge-setzliche Sozialabgaben und freiwillige Sozialleistungen.

- Zu den Kapitalkosten gehören die sog. kalkulatorischen Kostenarten (Zinsen, Abschreibungen, Wagnisse), die durch die Verwendung von Kapital und Nutzung von Kapitalgütern entstehen.

- Die Materialkosten umfassen die beim Verbrauch an Roh-, Hilfs- und Betriebsstoffen anfallenden Kosten.
- Fremdleistungskosten entstehen durch die Inanspruchnahme von Dienstleistungen fremder Betriebe (wie z. B. Transportleistungen, Strom).
- Zu den sonstigen Kosten gehören Steuern und Gebühren.

Nach ihrem Verhalten bei Änderungen des Beschäftigungsgrades werden fixe und variable Kostenarten unterschieden:

- Fixe Kosten entstehen aus der Bereitschaft zur Produktion und bleiben von Beschäftigungsänderungen grundsätzlich unbeeinflusst.
- Variable Kosten entstehen erst durch die Tätigkeit des Betriebs; ihre Höhe hängt also vom Beschäftigungsgrad ab.

Beispiel
So sind etwa Gebäudekosten wie Miete oder die Kosten einer Maschine fixe Kosten, Fertigungslöhne oder Fertigungsmaterial hingegen variable Kosten.

Aus der Art der weiteren Verrechnung ergibt sich die Unterscheidung von Einzel- und Gemeinkosten. Einzelkosten (direkte Kosten) können dem Erzeugnis (Kostenträger) unmittelbar zugerechnet werden. Alle Kosten hingegen, die keinem Erzeugnis direkt zugerechnet werden können, bezeichnet man als Gemeinkosten (indirekte Kosten).

Beispiel

Lohn und Materialkosten in der Fertigung sind typische Einzelkosten: Um Produkt X herzustellen, wird ein gewisses Pensum an Arbeitsstunden sowie ein bestimmter Materialbedarf benötigt. Hingegen sind Kosten für das Intranet, die Gehälter der Telefonistin oder des Netzwerkbetreuers typische Gemeinkosten, wie auch die Abschreibungen, Energiekosten, Hilfs- und Betriebsstoffe sowie Steuern.

Die Gemeinkosten müssen anteilsmäßig auf die einzelnen Kostenträger verrechnet werden. Die Grundlage dazu bildet die Kostenstellenrechnung.

Verteilt Kosten: Kostenstellenrechnung

In der Kostenstellenrechnung werden die nach Kostenarten gegliederten Gemeinkosten auf die Kostenstellen verteilt, in denen sie angefallen sind.

> ◼ *Kostenstellen sind abgegrenzte Verantwortungsbereiche, für die Kosten gesondert ermittelt werden, um sie anschließend verursachungsgerecht mit Hilfe geeigneter Schlüsselgrößen den Kostenträgern zuzurechnen.* ◼

Neben der genaueren Zurechnung der Gemeinkosten auf die Kostenträger hat die Kostenstellenrechnung auch die Aufgabe zu kontrollieren, ob die einzelnen Kostenstellenbereiche wirtschaftlich arbeiten.

Außerdem werden in der Kostenstellenrechnung die sog. innerbetrieblichen Leistungen verrechnet. Innerbetriebliche Leistungen sind betriebliche Leistungen, die im Gegensatz zu den für den Absatz bestimmten Fertigerzeugnissen für den eigenen Betrieb bestimmt sind.

Beispiel
Selbst erstellte Anlagen oder Werkzeuge, Transportleistungen, eigene
Stromerzeugung, aber auch die Leistungen der Verwaltungs- und Ver-
triebsabteilung zählen zu den innerbetrieblichen Leistungen.

Die Durchführung der Kostenstellenrechnung geschieht
zumeist mit Hilfe eines Betriebsabrechnungsbogens (BAB).
Der BAB ist ein Kostenverteilungsblatt, das in der Vertikalen
die Kostenarten und in der Horizontalen die Kostenstellen
enthält. Man unterscheidet Haupt- und Hilfskostenstellen.
Hauptkostenstellen rechnen den Fertigungsprozess für
Haupterzeugnisse ab und können unmittelbar den Kostenträgern zugerechnet werden. Hilfskostenstellen dienen nur
mittelbar der Gütererzeugung; sie erbringen Leistungen für
andere Kostenstellen (z. B. innerbetriebliche Leistungen wie
die Personalabteilung), deren Kosten auf die Hauptkostenstellen umgelegt werden müssen.

Mit der Kostenträgerrechnung wird kalkuliert

Den Abschluss der gesamten Kostenrechnung bildet die
Kostenträgerrechnung – entweder in Form einer Kalkulation
(Kostenträgerstückrechnung) oder in Form der Kostenträger-
zeitrechnung (siehe nächstes Kapitel).

> ▪ *Kostenträger sind die selbstständigen Endprodukte, d. h. diejenigen
> Leistungseinheiten, denen die Kosten verursachungsgemäß zugerechnet
> werden.* ▪

In der Kostenträgerstückrechnung oder Kalkulation werden
die Kosten für eine Leistungseinheit oder Leistungsgruppe
ermittelt. Dabei werden die Einzelkosten direkt und die Ge-

meinkosten indirekt mit Hilfe der in der Kostenstellenrechnung gewonnenen Gemeinkostenzuschläge verrechnet. Je nachdem, wie die Kostenverrechnung auf die Kostenträger erfolgen soll, kann man zwischen Divisions- und Zuschlagskalkulation wählen.

- Bei der **Divisionskalkulation** in ihrer einfachsten Form werden die gesamten Kosten eines Abrechnungszeitraums durch die Anzahl der in diesem Zeitraum hergestellten Produkte dividiert, um die Kosten je Stück zu erhalten. Dieses Verfahren ist nur für Einproduktbetriebe und unter bestimmten Voraussetzungen sinnvoll und daher praktisch sehr begrenzt. In einer zweistufigen Form wird zumindest noch zwischen Herstellkosten auf der einen und Verwaltungs- und Vertriebskosten auf der anderen Seite unterschieden.

- Bei der **Zuschlagskalkulation** erfolgt hingegen eine scharfe Trennung in Einzel- und Gemeinkosten; Erstere werden den Kostenträgern direkt zugerechnet, Letztere werden anteilmäßig mit Hilfe von Schlüsseln und Zuschlagssätzen verteilt.

> ◢ *In der Praxis dominiert die sog. differenzierte Zuschlagskalkulation, bei der die Gemeinkosten gruppenweise zusammengefasst und entsprechende Zuschlagssätze gebildet werden.* ◢

Kurzfristige Erfolgsrechnung

Mit der Kostenträgerzeitrechnung oder kurzfristigen Erfolgsrechnung sollen die Erfolge der betrieblichen Leistungserstellung (Betriebsergebnis) einer Abrechnungsperiode (z. B.

eines Monats) durch Gegenüberstellung der für einen Kostenträger ermittelten Kosten und Erlöse festgestellt werden.
Man unterscheidet hier:

- **Gesamtkostenverfahren**: Die Erlöse einer Periode werden
  um die Gesamtkosten der in dieser Periode erstellten
  Leistungen vermindert. Da Produktion und Absatz einer
  Periode in der Regel nicht übereinstimmen, müssen, um
  das endgültige Betriebsergebnis zu erhalten, Bestandser-
  höhungen an Halb- und Fertigfabrikaten hinzuaddiert
  bzw. Bestandsverminderungen subtrahiert werden.

- **Umsatzkostenverfahren:** Hier werden hingegen den
  Verkaufserlösen nur die Herstellkosten der abgesetzten
  Betriebsleistungen zuzüglich der angefallenen Verwal-
  tungs- und Vertriebsgemeinkosten und der Sondereinzel-
  kosten des Vertriebs gegenübergestellt.

Teilkostenrechnung schlägt Vollkostenrechnung

Nach dem Umfang der verrechneten Kosten wird zwischen
Vollkostenrechnung und Teilkostenrechnung unterschieden.
Hier wollen wir Sie nur auf die prinzipiellen Unterschiede
hinweisen.

Bei der Vollkostenrechnung werden die Kosten in vollem
Umfang auf die Kostenträger verrechnet. Eine exakte, ver-
ursachungsgerechte Zurechnung aller Gemeinkosten auf die
Kostenträger ist nicht möglich. Außerdem ist der preispolitische Spielraum wegen des Prinzips der Vollkostendeckung
nur gering, da er nur die Gewinnspanne und nicht die fixen
Kosten umfasst. Diesen Nachteilen versuchen die verschie-

denen Verfahren der Teilkostenrechnung (z. B. Deckungsbeitragsrechnung, Direct Costing, Marginalkostenrechnung) zu
begegnen. Zwar werden wie bei der Vollkostenrechnung alle
Kosten erfasst, jedoch nur teilweise auf die Kostenträger
verrechnet.

Beim Direct Costing wird in beschäftigungsunabhängige
(fixe) und beschäftigungsabhängige (variable) Kosten unterteilt. Zwischen den beschäftigungsabhängigen Kosten
und dem Beschäftigungsgrad wird Proportionalität unter-
stellt, d. h. die variablen Kosten je Leistungseinheit sind
konstant. Aus der Differenz zwischen dem Erlös und den
proportionalen Kosten je Kostenträger ergibt sich der sog.
Deckungsbeitrag, der den Anteil jedes Kostenträgers am
Gewinn und an der Abdeckung der fixen Kosten darstellt.
Aus dem Vergleich der Summe der Deckungsbeiträge einer
Periode mit den gesamten fixen Kosten kann das Perioden-
ergebnis ermittelt werden. Für die Kalkulation ergibt sich
daraus der Vorteil, dass der preispolitische Spielraum neben
der Gewinnspanne auch die fixen Kosten umfasst. Eine wesentliche Voraussetzung für den Erfolg der Teilkostenrechnung ist die exakte Auflösung der Kosten in fixe und variable
Bestandteile.

Wozu Betriebsstatistik?

Die Betriebsstatistik hat im Wesentlichen unterstützende
Funktion für die übrigen Teile des Rechnungswesens. Sie
wertet neben den Daten der Finanzbuchhaltung und Kos-

tenrechnung alle sonstigen für das Betriebsgeschehen rele-
vanten Erscheinungen aus.

Beispiel
Das können Informationen etwa aus dem Personalbereich sein, aber auch
externe Zahlenwerte, etwa aus der Marktforschung.

Was die Betriebsstatistik erarbeitet, steht den Entscheidungsträgern in Form von Graphiken, Tabellen, Zeitreihen
oder Kennzahlen zur Verfügung. Mit diesem Instrumentarium können längerfristige Entwicklungen oder Beziehungen
und Zusammenhänge zwischen betrieblichen Größen kennt-
lich gemacht werden. Wie die anderen Zweige des Rechnungswesens dient auch die Betriebsstatistik der unternehmerischen Kontrolle, Planung und Disposition.

Was passiert im Controlling?

Hinter dem Controlling vermuten viele eine Abteilung, die
besonders viel Macht im Unternehmen hat – in ihr geht es
scheinbar um nichts anderes als harte Zahlen und Kosten.
Das ist natürlich nicht ganz falsch, doch ist Controlling im
betriebswirtschaftlichen Sinn weitaus mehr.

Der Begriff geht auf das englische Verb „to control" zurück,
das mit „überwachen" und „kontrollieren", aber auch mit
„lenken", „steuern" und „planen" übersetzt werden kann.

Controlling ist in der Tat ein funktionsübergreifendes, koor-
dinierendes Steuerungsinstrument, ein Konzept der Unternehmensführung, das das Management bei seinen unternehmerischen Entscheidungen unterstützt.

Es umfasst die vier Hauptaufgaben:

- Planung
- Information
- Überwachung (Analyse/Kontrolle)
- und Steuerung

und stellt ein System von Plänen und Regelkreisen zur Verfügung, mit dem das Unternehmen schrittweise und systematisch zu den geplanten Zielen geführt werden kann.

Wenn man es in konkrete Arbeitsschritte übersetzt, bedeutet Controlling:

- Unternehmensziele werden in Pläne und Budgets umgesetzt.
- Im Soll-Ist-Vergleich werden Abweichungen festgestellt.
- Die Abweichungen werden untersucht und darüber Bericht erstattet (Erkennen von Krisensignalen, Analyse der Ursachen).
- Es erfolgen bei Störungen Vorschläge zur Gegensteuerung (z. B. durch Planänderungen oder verbesserte Durchführung der bisher geplanten Maßnahmen).

▰ *Controlling ist also wesentlich umfassender als der deutsche Begriff Kontrolle. Kontrolle ist lediglich eine Teilfunktion des Controlling. Sie ist ausschließlich vergangenheitsorientiert, während Controlling zusätzlich auch gegenwarts- und zukunftsorientiert ist.* ▰

Controlling setzt auf verschiedene Zeithorizonte

Je nach Zeithorizont wird zwischen dem operativen und dem strategischen Controlling unterschieden.

Das operative Controlling ist ein kurzfristig wirksames Instrument. Es hat im Wesentlichen die Aufgabe, die Unternehmenssteuerung innerhalb eines Geschäftsjahres durchzuführen. Im Vordergrund steht die Gewinnsteuerung.

Eine detaillierte operative Planung baut auf Teilplänen (Budgets) auf. Die einzelnen Abteilungen erhalten diese in Form von Vorgaben über durchzuführende Maßnahmen und angestrebte Ziele. Die Grundlage für die folgenden Budgets bilden zumeist die Absatz- und Umsatzplanung. Durch eine laufende Analyse der Abweichungen zwischen Ist und Soll wird die Basis für Gegensteuerungsmaßnahmen geschaffen. Auf diese Weise soll auch bei Abweichungen vom Monatsziel dennoch eine Erreichung des Jahresgesamtziels möglich werden. Erst wenn dies nicht gelingt, muss die Jahres-Gesamtplanung neu formuliert werden.

Das strategische Controlling beschäftigt sich mit der langfristigen Zukunftssicherung des Unternehmens unter Berücksichtigung der gesellschaftlichen, politischen, wirtschaftlichen und technologischen Entwicklungen der Umwelt. Als Zeithorizont kommen Zeiträume von drei bis zehn Jahren infrage. Das strategische Controlling umfasst analysierende und planende Aktivitäten, die darauf gerichtet sind, die Unternehmung im Markt und im Wettbewerb mit der

Konkurrenz lebensfähig zu erhalten. Vereinfacht kann man sagen, die Hauptaufgabe des strategischen Controllings besteht darin, Probleme zu erkennen und zu lösen, bevor sie Realität geworden sind.

> ■ *Operatives und strategisches Controlling beruhen auf gegenseitigen Erkenntnissen und dürfen nicht getrennt betrachtet werden.*　■

Mit der Planung werden Ziele definiert

Unternehmenssteuerung ist nur möglich, wenn den Entscheidungsträgern konkrete Ziele bekannt sind.

Das übergeordnete strategische Ziel einer Unternehmung ist die langfristige Existenzsicherung. Die strategische Planung versucht nicht das Tagesgeschehen zu planen, sondern will vielmehr grundsätzliche Chancen und Möglichkeiten des Unternehmens ausarbeiten. Die Pläne sollen weniger Details als vielmehr Richtungsvorgaben und Grundsatzentscheidungen enthalten (z. B. Erschließung neuer Märkte, Produktinnovationen, Ausbau der Vertriebswege). Daher kann es sich immer nur um eine Grobplanung handeln, in die Erkenntnisse der operativen Planung einfließen. Wie die operative wird auch die strategische Planung ständig überarbeitet, in der Regel im Turnus eines Jahres.

Die operative Planung richtet sich dagegen auf Ergebnisse und die Liquidität. Im Idealfall stellen alle Abteilungen Pläne für die von ihnen zu erbringenden Leistungen und die dabei anfallenden Kosten auf. Diese Pläne werden zu einer Gesamtplanung für das folgende Jahr zusammengefasst.

Kontrolle: Ist eingetreten, was eintreten sollte?

Die Überwachung beinhaltet zwei Teilaufgaben: die Kontrolle und die Analyse.

Zunächst wird überprüft, ob die eingetretenen Ergebnisse mit den geplanten Größen übereinstimmen. Das wichtigste Instrument des Controlling (vor allem des operativen) hierfür ist der Soll-Ist-Vergleich. Dabei werden die von der operativen Planung aufgestellten Planwerte (Soll) in regelmäßigen Abständen mit den tatsächlichen Werten (Ist) verglichen. Je früher Abweichungen erkannt werden, umso besser.

Wenn Abweichungen zutage treten, geht es an die Ursachenanalyse. Die Ergebnisse werden den Verantwortlichen zur Verfügung gestellt, damit diese sinnvolle Korrekturmaßnahmen einleiten können.

> ■ *Als Kontrollzeitraum bietet sich für das operative Controlling ein monatlicher Rhythmus an. Kürzere Intervalle (etwa im Wochentakt) sind zu stark schwankungsanfällig. Intervalle von mehr als einem Monat Dauer sind deshalb problematisch, weil dann bereits viel Zeit für wirksame Korrekturmaßnahmen verstrichen ist.* ■

Mit der Steuerung aufs Ziel zuhalten

Um die in der Planung aufgestellten und durch die Kontrolle überprüften Ziele zu erreichen, müssen Steuerungsmaßnahmen eingeleitet werden. Hierdurch sollen entstandene Abweichungen frühzeitig ausgeglichen und die gesetzten Ziele doch noch erreicht werden. Im anderen Fall müssen die Pläne angepasst werden.

Dies zeigt, dass die Teilbereiche des Controlling miteinander verbunden sind und einen Regelkreis bilden, der sich selbst steuert und die Zielerreichung ermöglicht. Ebenso müssen das operative und das strategische Controlling aufeinander bezogen werden; die strategische Ausrichtung des Unternehmens muss aufgrund der eventuellen Plankorrekturen im operativen Teil neu bestimmt werden.

Information: Ohne Berichte geht nichts

Wichtig ist natürlich, dass die Entscheidungsträger ihre Zahlen rechtzeitig erhalten, um überhaupt noch gegensteuern zu können. Der Informationsfluss reicht dabei von Verkaufsberichten (Absatz-/Umsatzzahlen) bis hin zu den Auswertungen durch die Controllingabteilung, die in Form von Reports an die Geschäftsführung bzw. die Kostenverantwortlichen gehen. Der Aufbau eines funktionsfähigen Informationssystems geschieht in Zusammenarbeit mit dem Finanz- und Rechnungswesen. Ein wichtiges Instrument hierfür ist heute das Intranet bzw. die Netzwerkumgebung.

Werkzeuge des Controlling

Beim Handwerkszeug zum operativen Controlling handelt sich um Instrumente, die zumeist in Geldgrößen ausgedrückte Informationen über geplante und durchgeführte Maßnahmen liefern. Hauptinformationsquelle ist ein gut ausgebautes Finanz- und Rechnungswesen.

Die Daten der Kostenrechnung (siehe S. 75) werden bei der Überwachung von Kosten und Leistungen, zur Wirtschaftlichkeitskontrolle oder zur Betriebsergebnisrechnung herangezogen. Die Deckungsbeitragsrechnung (siehe S. 81) dient als Entscheidungshilfe bei der Ermittlung von Preisuntergrenzen, bei der Produktionsprogrammplanung oder bei der Entscheidung zwischen Eigenfertigung und Fremdbezug.

Wichtige betriebswirtschaftliche Instrumente des operativen Controlling sind:

- ABC-Analyse (s. u.)
- Break-Even-Analyse (s. u.)
- Kurzfristige Erfolgsrechnung (siehe S. 81)
- Investitionsrechnung (siehe S. 66)
- Cashflow (siehe S. 74)
- ROI-Analyse (siehe S. 68)

ABC-Analyse

Die ABC-Analyse wird genutzt, um Wesentliches von Unwesentlichem zu unterscheiden. Sie folgt der 80-20-Regel: Häufig werden 80 % bestimmter Ergebnisse oder Ereignisse von nur 20 % der Ursachen hervorgerufen. In diesen Fällen ist es sinnvoll, die Planungstätigkeiten auf diese 20 % der Ursachen zu konzentrieren, da so die größten Effekte mit niedrigem Aufwand erzielt werden können.

Beispiel
Wenn ein Unternehmer wissen möchte, auf welche Kunden er sich konzentrieren soll, untersucht er mit der ABC-Analyse die Umsatzzahlen aller Kunden.

Break-Even-Analyse

In der Break-Even-Analyse werden Zusammenhänge zwischen Kosten, Umsatz und Gewinn aufgezeigt. Der Break-Even-Point ist jener Punkt, bei dem der Gewinn des Unternehmens Null ist, d. h. das Unternehmen sich gerade beim Übergang von der Verlustzone in die Gewinnzone befindet. Voraussetzung für die Anwendung ist eine genaue Aufteilung der Gesamtkosten in fixe und in variable Kosten.

Auch im strategischen Controlling wurden eine Reihe von Instrumenten entwickelt. Hier nur ein kleiner Ausschnitt:

Szenario-Technik

Sie ist eine Ziel- und Strategiefindungsmethode bei der, von einer vorgegebenen Situation ausgehend, zukünftige Konstellationen als Abfolge hypothetischer Ereignisse in einem bestimmten Zeitraum durchgespielt werden. Damit bietet diese Technik die Chance, einmal über den unternehmensindividuellen Planungshorizont hinauszuschauen und die Umwelt in die Planung mit einzubeziehen.

Entwicklung von strategischen Geschäftseinheiten

Wenn in einem Unternehmen verschiedene Geschäftsfelder vorhanden sind, kann es notwendig sein, trotz einer einheitlichen Unternehmenszielsetzung unterschiedliche Strategien für diese Geschäftsfelder (Wege, die zum Ziel führen) zu entwickeln.

Portfolio-Analyse

Verfolgt das Ziel, die optimalen Produkt-Kombinationen zu verwirklichen und somit für das jeweilige Marktsegment des Unternehmens die beste Positionierung zu erzielen und dadurch die Marktanteile auszubauen. Das Portfolio-Konzept zeigt auf, welche Geschäfte entscheidende Wettbewerbsvorteile aufweisen, Investitionschancen bieten und in welchen Mängel vorzufinden sind.

Man geht dabei so vor, dass mehrere Objekte einander qualitativ gegenübergestellt, nach zwei Kriterien bewertet und in einem Achsenkreuz eingetragen werden. Auf diese Weise wird eine große Zahl numerischer Daten verdichtet und überschaubar dargestellt. Aus der Darstellung lassen sich z. B. die Ist-Situation, die Entwicklungsmöglichkeiten und angestrebte Ziele für ein Vorhaben ableiten.

Balanced Scorecard

Die Balanced Scorecard („ausgewogener Berichtsbogen") ermöglicht eine an der Unternehmensvision und -strategie ausgerichtete Planung und Steuerung. Die Grundidee besagt, dass neben finanziellen Zielen auch nichtmonetäre Größen im Steuerungskonzept der Unternehmung integriert werden: die Kundenperspektive, die Perspektive der internen Geschäftsprozesse und die Lern- und Entwicklungsperspektive.

- In der Finanzdimension gelten nach wie vor die traditionellen Kennzahlen (z. B. x % jährliches Umsatzwachstum; x % Produktivitätssteigerung gegenüber dem Vorjahr; Verdoppelung des Cashflow innerhalb von 5 Jahren).

- In der Kundendimension werden die für das Unternehmen wesentlichen Kunden- und Marktsegmente festgelegt (z. B. jährliche Steigerung des Marktanteils um x %, Erhöhung des Neukundenanteils um x %).

- Die Geschäftsprozessdimension richtet sich auf die Optimierung der internen Prozesse, von der Produktentwicklung bis zur Abwicklung der Zahlungsprozesse (z. B. Verkürzung der Innovationszeiträume um x %; Verringerung der Durchlaufzeiten in der Produktion).

- Die Dimension Lernen und Wachstum richtet sich auf die Entwicklung und Motivation der Mitarbeiter sowie die Informationssysteme. Diese Dimension lässt sich nur schwer in Kennziffern beschreiben (z. B. Mitarbeiterzufriedenheit durch die Fluktuationsrate; Verbesserung der Qualifikation durch Steigerung der Mitarbeiterproduktivität).

Marketing

Was nützen die schönsten Produkte, wenn sie nicht verkauft werden? Das Marketing tut alles dafür – mit kurzfristigen Maßnahmen und langfristigen Strategien.

Denken vom Markt her

Der Absatz bildet die Endphase des güterwirtschaftlichen Prozesses. Er stellt eine betriebliche Grundfunktion dar, die sämtliche dispositiven und ausführenden Tätigkeiten umfasst, die zur marktmäßigen Verwertung der im Beschaffungs- und Produktionsprozess erstellten Leistungen erforderlich sind. In einem ähnlichen Sinn wird im Allgemeinen auch der Begriff Vertrieb gebraucht.

> ◼ Unter dem Begriff Vertrieb werden alle Aktivitäten in einem Unternehmen verstanden, die zur Öffnung, Bedienung und Sicherung des Marktes erforderlich sind. Funktional gesehen ist der Vertrieb der marktorientierte Unternehmensbereich, welcher für den Absatz der Produkte und Leistungen verantwortlich ist. ◼

In einer engeren Auslegung wird mit Absatz der Wert oder die Menge der in einer Periode abgesetzten Güter bezeichnet; in diesem Fall werden die Begriffe Absatz und Umsatz identisch verwendet. Manchmal werden auch die Begriffe Absatz und Verkauf gleichgesetzt, obwohl der Verkauf nur einen Teil des Absatzprozesses umfasst: Hier werden alle operativen Tätigkeiten für die Beratung, Bedienung und Betreuung des Marktes durchgeführt. Dies kann sowohl vor Ort beim Kunden durch den Außendienst als auch direkt, durch den Innendienst erfolgen.

Der Marketingbegriff geht weiter

Der Begriff Marketing stammt aus dem Amerikanischen. Anfänglich wurde Marketing als Sammelbegriff für alle

Aufgaben und Einrichtungen verstanden, die mit der Zuführung der Erzeugnisse vom Produzenten zum Konsumenten in Zusammenhang standen. Diese Definition des Begriffs „Marketing" deckt sich weitgehend mit dem Begriff „Absatz".

Nach der neueren, weiteren Auffassung wird Marketing als Inbegriff einer marktorientierten Unternehmenspolitik gesehen. Demnach sind sämtliche unternehmerischen Aktivitäten nach den Gegebenheiten des Marktes auszurichten. Darin zeigt sich ein wichtiger Wandel in der unternehmerischen Denkweise: Zwar sind auch stets die Verhältnisse in der Produktion zu berücksichtigen, aber letztlich sollten, insbesondere bei grundlegenden Entscheidungen, doch immer marktbezogene Überlegungen entscheidend sein.

Zeitlich fällt die Einführung des Marketingbegriffs etwa zusammen mit dem Wandel vom Verkäufermarkt zum Käufermarkt:

- Beim Käufermarkt sind die Nachfrager in einer starken Position, weil zum herrschenden Preis die angebotene Warenmenge größer ist als die nachgefragte Menge. Damit besteht eine Tendenz zur Preissenkung. Die Käufer (Verbraucher) können aus vielen Angeboten auswählen.

- Ein Verkäufermarkt liegt bei umgekehrten Verhältnissen vor.

Marketing erstreckt sich als Querschnittsfunktion über alle Abteilungen und Hierarchieebenen.

Wie der Absatzprozess verläuft

Am Beginn des Absatz- oder Marketingprozesses steht die Beschaffung und Bereitstellung der für die Absatzentscheidungen notwendigen Daten und Informationen. Dazu zählen gleichermaßen interne und externe Informationen. Wichtigste interne Informationsquelle ist das Rechnungswesen. Externe Marktdaten werden im Rahmen der Marktforschung (siehe S. 97) gewonnen.

Als nächste Stufe des Absatzprozesses folgt die Absatzplanung. Sie hat die Aufgabe, den künftigen Absatz der Unternehmung und die zu seiner Erzielung einzusetzenden Maßnahmen sowie die daraus erwachsenden Kosten für einen bestimmten Zeitraum festzulegen. Der gesamte Absatzplan kann danach in drei Teilpläne untergliedert werden:

- Der **Verkaufsplan** (auch Absatzmengenplan oder Umsatzplan) legt die für die Planperiode vorgesehenen konkreten Absatzziele fest.

- Der **Verkaufsförderungsplan** (auch Aktionsprogrammplan) bestimmt die zur Erreichung der Absatzziele notwendigen absatzpolitischen Instrumente.

- Der **Vertriebskostenplan** erfasst die bei der Durchführung des Absatzes voraussichtlich entstehenden Vertriebskosten.

Je nach der Fristigkeit der Absatzplanung wird es sich mehr um eine globale Festlegung der einzuschlagenden Marktstrategie für die nächsten fünf bis zehn Jahre (langfristige Absatzplanung) oder um eine detaillierte Angabe der in naher Zukunft verfolgten absatzpolitischen Ziele (kurzfristige Absatzplanung) handeln.

> ■ *Die Absatzplanung bildet häufig den Ausgangspunkt für die gesamte Unternehmungsplanung. Das erklärt sich aus der mit dem Begriff Marketing umschriebenen Ausrichtung aller Unternehmungsbereiche nach den Gegebenheiten des Marktes.* ■

Als weiterer Schritt des gesamten Absatzprozesses folgt die eigentliche Absatzdurchführung, zu der die endgültigen Verkaufsabschlüsse, die Auftragsabwicklung und die damit zusammenhängenden finanziellen Transaktionen gehören.

Was die Marktforschung untersucht

Die Marktforschung widmet sich systematisch der Untersuchung des Markts, um den gegenwärtigen und zukünftigen Informationsbedarf eines Unternehmens hinsichtlich marktbezogener Entscheidungen zu decken. Dazu werden Informationen über Märkte, Marktteilnehmer und Rahmenbedingungen gesammelt, aufbereitet und interpretiert. Hierdurch soll letztlich eine professionelle marktorientierte Unternehmensführung unterstützt werden.

Wenn sich die im Rahmen der Marktforschung gewonnenen Informationen auf einen bestimmten Zeitpunkt beziehen, dann spricht man von Marktanalyse; sollen die Veränderungen und Entwicklung der Märkte im Zeitablauf festgehalten werden, dann handelt es sich um eine Marktbeobachtung.

Ökoskopische und demoskopische Marktforschung

Die ökoskopische Marktforschung, ein Bereich der empirischen Wirtschaftsforschung, hat die Untersuchung objektiver und ökonomisch relevanter Marktgrößen (z. B. Marktpotenzial, Marktvolumen und Marktanteil) und der zwischen diesen Größen bestehenden Abhängigkeiten zum Gegenstand. Das Marktpotenzial ist die maximal mögliche Gesamtabsatzmenge eines Produkts auf einem Markt. Das Marktvolumen ist der realisierte gegenwärtige Gesamtabsatz aller Anbieter. Der Marktanteil ist der Anteil eines Anbieters am Marktvolumen.

Die demoskopische Marktforschung ist auf die Handlungssubjekte in ihrer Funktion als Marktteilnehmer bezogen und gehört dem Bereich der empirischen Sozialforschung an. Gegenstand der demoskopischen Marktforschung können objektive (äußerlich wahrnehmbare) und subjektive (innere, psychische) Merkmale sein.

Beispiel

Herr Karl kauft ein Mineralwasser der Marke X. Den Marktforscher interessieren dann vielleicht sein Alter und Familienstand, aber auch soziographische Gegebenheiten wie sein Beruf, sein Einkommen, seine Besitz- oder Wohnverhältnisse (objektive Merkmale).

Mit seinem Wissen um die Existenz der gewählten Marke, der Wahrnehmung einer zugehörigen Werbebotschaft und der Vorstellung, wie das Mineralwasser zu schmecken hat, liefert Herr Karl Informationen über subjektive Merkmale – vorausgesetzt er wird danach gefragt. Aber auch, wenn er seine nächsten Anschaffungsabsichten, Wünsche, z. B. nach einem eigenen Haus und Strebungen (Instinkte, Gefühle, Triebe usw.) preisgeben würde, hätte er dem Marktforscher subjektive Merkmale geliefert.

Wie die Daten gewonnen werden

Ein Marktforscher hat prinzipiell zwei Möglichkeiten, nach Daten zu forsten: Er greift auf bereits vorhandene Daten zurück, die für andere oder ähnliche Zwecke im Unternehmen oder von Dritten erhoben wurden (Sekundärforschung). Typische Datenquellen dafür sind beispielsweise Veröffentlichungen und Datenaufzeichnungen von Verlagen, Verbänden, Kammern, statistischen Ämtern und wissenschaftlichen Institutionen. Oder er erhebt die benötigten Daten selbst bei den Verbrauchern: mittels Beobachtung oder Befragung (Primärforschung, Feldforschung).

> ■ *Die Sekundärforschung hat den Vorteil einer schnellen Informationsbeschaffung bei niedrigen Kosten. Die durch Primärforschung gewonnenen Informationen sind aktueller und können genau auf den bestehenden Informationsbedarf zugeschnitten werden.* ■

Verbraucher befragen und beobachten

Bei der Befragung müssen sich (evtl. ausgewählte) Personen zu bestimmten, vom Fragesteller vorgegebenen Sachverhalten äußern, entweder schriftlich oder im Interview. Im Gegensatz zur Befragung ist die Beobachtung nicht auf die Auskunftsbereitschaft der erhobenen Personen angewiesen, werden doch dabei einfach sinnlich wahrnehmbare Phänomene systematisch erfasst, zum Beispiel wie sich die Käufer beim Einkauf im Supermarkt verhalten.

Eine besondere Form der Befragung und Beobachtung ist das Panel. Ein Panel ist ein gleich bleibender, repräsentativer

Personenkreis, der über längere Zeit hinweg regelmäßig über denselben Sachverhalt befragt wird.

- Beim Haushaltspanel verpflichtet sich eine größere Anzahl von Haushalten, über den Einkauf ausgewählter Waren Buch zu führen und in regelmäßigen Abständen darüber zu berichten.

- Beim Einzelhandelspanel werden in ausgewählten Einzelhandelsgeschäften in bestimmten Zeitabständen die Veränderungen in den Lagerbeständen beobachtet.

- Beim sog. Fernsehpanel werden die Einschaltquoten von mehreren tausend repräsentativ ausgesuchten Haushalten ermittelt.

Nur in Ausnahmefällen werden bei der Marktforschung Vollerhebungen durchgeführt, d. h. alle betroffenen Personen angesprochen. Zumeist muss eine repräsentative Auswahl getroffen werden, entweder nach dem Zufallsverfahren oder durch Stichproben (Quotenverfahren).

Marketingstrategien

Jedes Unternehmen hat langfristige, am Markt orientierte Ziele. Wie diese Ziele erreicht werden sollen, legt es in seinen Marketingstrategien fest. Damit stellt es einen Orientierungsrahmen für die zielgerechte Ausrichtung und Kanalisierung von operativen Marketingmaßnahmen auf.

Grundlage für die Strategieformulierung sind eine umfassende Analyse und Prognose der internen und externen Ist-Situation sowie klare Marketingziele.

Generell kann man im Marketing zwischen Basis- und Instrumentalstrategien unterscheiden.

- Basisstrategien legen den grundsätzlichen Handlungsrahmen für Marketingentscheidungen und -aktivitäten auf der Unternehmens- und Geschäftsfeldebene fest. Sie haben konstitutiven Charakter und sind damit kurzfristig nicht oder sehr schwierig zu verändern.

- Instrumentalstrategien stellen sicher, dass die grundsätzlichen strategischen Entscheidungen auf der Unternehmens- und Geschäftsfeldebene auch in den operativen Marketingaktivitäten ihren Niederschlag finden. Die einzelnen Instrumentalstrategien sind dabei Gegenstand der jeweiligen Marketing-Mix-Bereiche.

Was der Marketing–Mix beinhaltet

Zur Erreichung der angestrebten Absatzziele stehen zahlreiche Instrumente zur Verfügung. Sie werden unter dem Begriff „absatzpolitisches Instrumentarium" oder „Marketing-Mix" zusammengefasst. Damit wird festgelegt, welche Teile des absatzpolitischen Instrumentariums zu einem bestimmten Zeitpunkt für eine bestimmte Zielgruppe genutzt werden sollen. Im angelsächsischen Sprachbereich wird dieses Instrumentarium durch die klassischen vier „P's" umschrieben:

- *product* (Produkt- und Sortimentspolitik)
- *price* (Preis- und Konditionenpolitik)
- *place* (Distributionspolitik)
- *promotion* (Kommunikationspolitik).

Produkt- oder Sortimentspolitik

Die Produktpolitik umfasst alle Maßnahmen, die sich auf die Gestaltung von Art und Beschaffenheit der angebotenen Produkte beziehen. Von der Gestaltung der Erzeugnisse und der Zusammensetzung der Sortimente bzw. Produktionsprogramme können wesentliche akquisitorische Wirkungen ausgehen. Zu den wichtigsten produktpolitischen Ansatzpunkten zählen:

- Produktinnovation, d. h. die Suche und Prüfung von Produktideen sowie die Gestaltung und Erprobung neuer Produkte;
- Produktvariation durch Produktdifferenzierung (z. B. Qualität, Form- und Farbgebung, Gestaltung der Verpackung);
- Produktdiversifizierung, d. h. eine bewusste Ausweitung des Leistungsprogramms unter Beibehaltung der bisherigen Schwerpunkte;
- Produktelimination, d. h. Aussonderung von Produkten aus dem Angebot.

Ein Unternehmen verfügt über eine „unique selling position" (USP), wenn es gelingt, eine einzigartige Produkteigenschaft besonders herauszustellen (z. B. „Schlankheit" bei bestimmten Margarineerzeugnissen). Wegen der geringen Qualitätsunterschiede vieler Produkte fällt es vielen Unternehmen allerdings schwer, erfolgreiche USP zu finden. Deshalb werden die tatsächlichen Produktvorteile häufig durch künstlich geschaffene ersetzt (z. B. „Der Duft der großen weiten Welt").

Die Produktpolitik des Handels ist die Sortimentspolitik. Um sich von den Sortimenten der Konkurrenz abzuheben und sich an die Wünsche der potenziellen Kunden anzupassen, gilt es zwischen den grundsätzlichen sortimentspolitischen Alternativen Sortimentstiefe (Anzahl Artikel), Sortimentsbreite (Warenarten) und Sortimentshöhe (Qualitätsniveau) zu entscheiden. Dabei ist zu beachten, dass mit der Wahl einer bestimmten Betriebsform häufig eine Vorentscheidung über die Gestaltung des Sortiments getroffen wurde.

Die Produktpolitik wird durch die Servicepolitik (Kundendienstpolitik) ergänzt. Dabei werden dem Kunden zusätzliche Dienstleistungen vermittelt, die mit dem Verkauf der Erzeugnisse in keinem unmittelbaren Zusammenhang stehen. Bei den Kunden werden Präferenzen geschaffen, durch die sie stärker an die Unternehmung oder ein bestimmtes Erzeugnis gebunden werden sollen. Zu den Serviceleistungen zählen u. a. Information und Beratung (z. B. durch besonders gut geschultes Personal), Wartungs- und Reparaturdienste, Umtauschrecht, Gewährleistungsansprüche, Lieferung frei Haus oder die Bereitstellung von Kundenparkplätzen.

Preis- und Konditionenpolitik

Die Preispolitik umfasst alle Maßnahmen, die mit dem Preis des Produktes in Zusammenhang stehen. Beispiele hierfür sind der Ausweis von Mindest- und Höchstpreisen und der gezielte Einsatz von Preisdifferenzierungen, Preisnachlässen und unverbindlichen Preisempfehlungen.

> ■ In einigen Fällen wird die freie Preisbildung durch rechtliche Vorschriften eingeschränkt. Öffentliche Aufträge dürfen nur nach einem vorgegebenen Schema kalkuliert werden. Der Buch- und Zeitschriftenhandel ist an die vom Hersteller (Verlag) vorgegebenen Preise gebunden. ■

Bei den in der Praxis gebräuchlichen Formen der Preisgestaltung lassen sich grundsätzlich drei Ansatzpunkte unterscheiden:

- Bei der kostenorientierten Preisbildung ist die betriebsspezifische Kostensituation maßgebend. Dabei können die Preise entweder auf Vollkosten- oder Teilkostenbasis (siehe S. 81) ermittelt werden. Die kostenorientierte Preisbildung wird zumeist zur Ermittlung der Preisuntergrenze herangezogen, also der niedrigsten Preisforderung, zu der ein Betrieb noch bereit ist, seine Produkte zu verkaufen. Die langfristige Preisuntergrenze wird durch die Selbstkosten bestimmt. Bei der mit Hilfe der Deckungsbeitragsrechnung ermittelten kurzfristigen Preisuntergrenze müssen mindestens die variablen Kosten gedeckt werden.

- Bei der nachfrageorientierten Preisbildung werden die Gegebenheiten der potenziellen Kunden (Nachfrager) berücksichtigt (z. B. Preisvorstellung, Zahlungsbereitschaft).

- Bei der konkurrenzorientierten Preisbildung geht der Betrieb von der Preisforderungen der Konkurrenz aus. Als Orientierungsgröße wird entweder der Branchenpreis oder der Preis des Preisführers herangezogen.

Von Preisdifferenzierung wird gesprochen, wenn ein Betrieb für ein bestimmtes Produkt von verschiedenen Nachfragern unterschiedliche Preise verlangt. Das ist möglich, wenn der Markt in unterschiedliche Teilmärkte aufgespalten wird. Folgende Arten werden unterschieden:

- räumliche Differenzierung (z. B. Gebietsmärkte, Inlands- und Auslandsmärkte),
- zeitliche Differenzierung (z. B. Tag- und Nachttarife),
- sachliche Differenzierung (z. B. unterschiedliche Energie- tarife für private oder gewerbliche Abnehmer),
- personelle Differenzierung (z. B. Studenten- oder Rent- nernachlass).

Mit der Konditionenpolitik werden Zahlungs- und Lieferbe- dingungen gestaltet, etwa das Einräumen von Skonti, Zah- lungszielen oder die Gewährung von Teilzahlungskrediten, oder Lieferzeiten, die Übernahme von Mengengarantien und die Vereinbarung spezieller Frachtklauseln.

Rabatte gewährt man Kunden, die eine bestimmte Leistung erbracht haben. Nach dem Grund der Rabattgewährung können Mengen-, Treue-, Einführungsrabatte, Saison-, Früh- bezugs-, Funktions- und Barzahlungsrabatte (Skonto) un- terschieden werden. Als Bonus wird ein nachträglich vergü- teter Rabatt bezeichnet, z. B. ein Umsatzbonus für die in einem bestimmten Zeitraum abgenommene Menge.

Distributionspolitik: Wie kommt das Produkt zum Kunden?

Dem Unternehmen stehen verschiedene Möglichkeiten und Wege offen, seine Erzeugnisse den Konsumenten, Wiederverkäufern oder Weiterverarbeitern zugänglich zu machen. Wichtig hierbei sind

- das Vertriebssystem,
- die Absatzformen und die
- Absatzwege.

Mit dem Vertriebssystem wird über die zentrale oder dezentrale Durchführung und den Grad der Ausgliederung des Verkaufs entschieden.

Hinsichtlich der Absatzform kann zwischen eigenen und fremden Verkaufsorganen unterschieden werden. Zu den betriebseigenen Organen zählen Mitglieder der Geschäftsleitung (z. B. für Großaufträge), Reisende, Verkauf auf Anfrage von Kunden, Verkauf in Läden und Verkauf mit Hilfe von Automaten. Betriebsfremde Organe sind Handelsvertreter, Kommissionäre und Makler (Handelsvermittler).

Bei der Wahl der Absatzwege geht es um die Entscheidung zwischen direktem und indirektem Absatz. Beim direkten Absatz verkauft das herstellende Unternehmen seine Erzeugnisse unmittelbar an die Konsumenten oder Verwender. Beim indirekten Absatz schieben sich zwischen die Erzeuger und Endverbraucher selbstständige Unternehmungen des Handels.

> ■ *Die Stufen, die ein Erzeugnis von seiner Produktion bis zur endgültigen Verwendung durchläuft, werden Handelskette (oder Absatzkette) genannt.* ■

Kommunikationspolitik

Was der Verbraucher vereinfachend als „Werbung" bezeichnen würde, fasst der Betriebswirt oder „Marketer" unter den Begriff „Kommunikationspolitik". Dazu gehören alle kommunikativen Maßnahmen der Unternehmung, also neben der Werbung auch die Verkaufsförderung, die PR (Public Relations) und das Sponsoring.

Werbung hat viele Gesichter

Nach den mit der Werbung verfolgten Zielen kann zwischen Einführungswerbung, Erhaltungswerbung und Expansionswerbung unterschieden werden. Die Werbebotschaft kann sich auf eine Firma (Firmenwerbung), auf ein bestimmtes Produkt (Produktwerbung) oder auf eine Marke (Markenwerbung) beziehen.

> ■ *Nach dem Markengesetz können als Marken alle Zeichen, insbesondere Wörter, Abbildungen, Buchstaben, Abkürzungen, Zahlen, Hörzeichen, dreidimensionale Gestaltungen oder die Form einer Ware oder ihrer Verpackung sowie sonstige Aufmachungen in Form und Farbe geschützt werden.* ■

Marken werden durch Branding kreiert. Für den Erfolg von Marken werden im Allgemeinen vier Gründe genannt: Bekanntheit, Unverwechselbarkeit, Erfüllung von Wunschbildern und Wertstabilität.

Vor allem wenn Fachleute potenzielle Käufer sind, wird eine eher informative, sachliche Werbung betrieben. Doch auch in der Investitionsgüterindustrie (im sog. Business-to-

Business-Bereich) finden wir immer häufiger Werbung, die an das emotionale Erleben des Käufers appelliert. Diese Suggestivwerbung überwiegt natürlich eindeutig in der Konsumgüterwerbung.

Länger- und mittelfristig geplante Absatzwerbung (Werbekampagnen etc.) werden durch die vorwiegend kurzfristig angelegte Verkaufsförderung (Sales Promotion) unterstützt. Darunter fallen etwa Händler- oder Verkäuferschulungen, Verkaufsvorführungen beim Händler, Hilfen bei der Warenpräsentation durch Plakate oder Displays etc.

Sponsoring umfasst sämtliche Aktivitäten, die mit der Bereitstellung von Geldern und Sachmitteln durch ein Unternehmen für Personen oder Organisationen im sportlichen, kulturellen, ökologischen oder sozialen Bereich verbunden sind. Doch natürlich tut ein Unternehmen dies nicht umsonst: Indem sein Name z. B. auf Trikots oder Konzertkarten erscheint, tut das Unternehmen etwas für sein Image.

Ähnliches verfolgen die Public Relations, kurz PR. Mit PR soll in der Öffentlichkeit Interesse für das Unternehmen selbst geweckt und die Beziehungen zur Öffentlichkeit gepflegt werden. Dabei wird nach verschiedenen Zielgruppen (z. B. Medien, Kunden, Lieferanten, Aktionäre) differenziert, die alle einer gezielten Ansprache bedürfen. Zu den gebräuchlichsten Maßnahmen der Public Relations zählen Presse- und Medienarbeit, PR-Anzeigen, Infozettel und Infoposter, Versammlungen, Veranstaltungen und öffentliche Auftritte, Sponsoring, Betriebsbesichtigungen, Tage der offenen Tür und Wohltätigkeitveranstaltungen.

Personalwirtschaft

Jedes Unternehmen ist nur so gut wie seine Mitarbeiter. Nicht umsonst wird bei unternehmenspolitischen Entscheidungen den personellen Fragen inzwischen die gleiche Bedeutung zugemessen wie technischen oder wirtschaftlichen.

Was gehört zur betrieblichen Personalwirtschaft?

Zum Bereich Personalwirtschaft zählen sämtliche Aufgabenbereiche, die durch die Beschäftigung von Mitarbeitern anfallen: vom Aufbau und der Sicherung des erforderlichen Personalbestands über die Aufrechterhaltung der Leistungsfähigkeit und Leistungsbereitschaft der Mitarbeiter bis hin zu deren Betreuung und Führung.

Die Abteilung, in der viele dieser Aufgaben erfüllt werden, ist die Personalabteilung. Die Aufgaben der Mitarbeiterführung (siehe S. 36) allerdings fallen in die Zuständigkeit der einzelnen Vorgesetzten, und Grundsatzentscheidungen im Personalbereich werden von der Unternehmensleitung getroffen.

In der Auffassung über die Bedeutung der betrieblichen Personalarbeit hat sich in den letzten 20 bis 30 Jahren ein Wandel vollzogen. Gehörte die Personalarbeit noch zu Anfang der 80er Jahre zu einem nachgeordneten Funktionsbereich, so ist sie mittlerweile in den obersten Managementbereich vorgerückt. Neben externen Einflussgrößen (Arbeitsmarkt, gesellschaftspolitische Strömungen, umfangreiche Gesetzgebung im sozial- und arbeitsrechtlichen Bereich usw.) hat dazu vor allem die gewachsene Einsicht in die wichtige Rolle des Menschen bei der Erfüllung betrieblicher Aufgabenstellungen beigetragen.

An Stelle der Begriffe Personalwirtschaft oder Personalwesen treten die Begriffe Personalmanagement oder Human

Ressource Management. Das strategische Personalmanagement bezieht auch das Umfeld des Unternehmens ein.

> ■ Auch bei der Personalarbeit wird eine langfristige und strategische Ausrichtung immer wichtiger. Dazu tragen Faktoren wie der Wertewandel der Gesellschaft, die Arbeitsmarktentwicklung, der technologische Fortschritt, die Internationalisierung der Märkte und Veränderungen der arbeitsrechtlichen Rahmenbedingungen bei.   ■

Personalpolitik

Jedes Unternehmen verfolgt eine bestimmte Personalpolitik, die sich aus der Unternehmenspolitik (siehe S. 51) ergibt und nur in Abstimmung mit anderen unternehmerischen Zielen formuliert werden kann.

Was die Personalpolitik so besonders macht, ist, dass ständig ein Ausgleich zwischen wirtschaftlichen Zielen (z. B. Kostenminimierung) und sozialen Zielen (z. B. ein zeitgemäßer Führungsstil) hergestellt werden muss.   Denn gerade in diesem Bereich spielen rechtliche und gesellschaftspolitische Normen und Wertvorstellungen   z. B. humane Arbeitsgestaltung, Mitwirkungs- und Mitbestimmungsmöglichkeiten der Mitarbeiter – eine große Rolle.

Zu den wichtigsten Ansatzpunkten der Personalpolitik zählen u. a. der Führungsstil (siehe S. 37), die Gestaltung des Arbeitsentgelts und der Arbeitsbedingungen, das Angebot an Sozialleistungen oder die Möglichkeiten der Personalentwicklung.

Personalplanung und –beschaffung

Durch die Personalplanung wird unter Beachtung personalpolitischer Grundsatzentscheidungen das künftige Geschehen im Personalwesen durchdacht und in seinen Grundzügen festgelegt. Die Personalplanung trägt dazu bei, die Ziele der Personalpolitik zu verwirklichen; sie hat sicherzustellen, dass es zu einer weitgehenden Übereinstimmung zwischen den künftigen quantitativen und qualitativen Anforderungen an den verschiedenen Arbeitsplätzen und den verfügbaren Mitarbeitern kommt.

Kernbereich der Personalplanung ist die Personalbedarfsplanung. Sie ermittelt unter Beachtung künftiger Aktivitäten, wie viele Mitarbeiter welcher Qualifikation zu bestimmten Zeitpunkten in der Zukunft benötigt werden.

> ■ *Durch den Vergleich des zukünftigen Personalbedarfs mit dem zum selben Zeitpunkt erwarteten Personalbestand ergibt sich eine zu deckende Bedarfslücke bzw. ein abzubauender Personalüberhang.* ■

Wenn es darum geht, wie viele und welche Arbeitskräfte wann und wo im Unternehmen gebraucht werden, dann spricht der Betriebswirt von Personalbeschaffung. Nach der Personalwerbung, durch die interne und externe Interessenten über die freien Stellen im Unternehmen informiert werden, steht die Personalauswahl an: Die Personalverantwortlichen prüfen, inwieweit die Qualifikationen der Bewerber mit dem Anforderungsprofil der jeweiligen Stelle übereinstimmen und treffen eine Einstellungsentscheidung.

Wege der Personalbeschaffung

Interne Beschaffung	Externe Beschaffung
<ul><li>Interne Stellenausschreibung</li><li>Versetzungen/ Beförderungen</li><li>Mittelfristige Möglichkeiten durch Personalentwicklung</li></ul>	<ul><li>Schaltung von Stellenanzeigen</li><li>E-Recruiting</li><li>Personalleasing</li><li>Einschaltung von Mittlern (Arbeitsämter/Personalberater)</li><li>Headhunting</li><li>Auswertung von Stellengesuchen</li><li>Kontakt zu Ausbildungseinrichtungen (Berufsschulen, Hochschulen)</li><li>Sonstige Wege wie Vermittlung über Mitarbeiter, Aushang am Werkstor, Verteilung von Handzetteln, Tag der offenen Tür</li></ul>

Immer wichtiger: Personalentwicklung

Zur Personalentwicklung zählen sämtliche Maßnahmen, die der individuellen beruflichen Entwicklung der Mitarbeiter dienen und ihnen bei Beachtung ihrer persönlichen Interessen die zur bestmöglichen Wahrnehmung ihrer heutigen oder künftigen Aufgaben erforderlichen Qualifikationen vermitteln.

Damit umfasst die Personalentwicklung mehr als reine Weiterbildung: Es geht einmal um die Förderung, die vorwiegend auf das berufliche Weiterkommen abstellt (z. B. durch Versetzung, Beförderung, individuelle Laufbahnplanung), und schließlich um Weiterbildungsmaßnahmen, durch die die erforderlichen Qualifikationen vermittelt werden.

> ■ *Neben den fachlichen Qualifikationen werden heute die sog. Schlüsselqualifikationen als unerlässlich angesehen. Gemeint sind weitgehend zeit- und berufsunabhängige Fähigkeiten, die keinen unmittelbaren Bezug zu einer bestimmten Tätigkeit haben (z. B. Innovationsfähigkeit, Lernbereitschaft, soziale Kompetenz, kommunikative Fähigkeiten).* ■

Personal erfolgreich einsetzen

Durch einen optimalen Personaleinsatz soll es zu einer bestmöglichen Übereinstimmung zwischen den Anforderungen der Arbeitsplätze und den Fähigkeiten der Mitarbeiter kommen. Je besser dies gelingt, umso größer wird die Zufriedenheit der Mitarbeiter sein und damit ihre Arbeitsmotivation umso höher. Heute versucht man, Arbeitsplätze attraktiver zu gestalten und so den negativen Folgen einer übergroßen Arbeitsteilung entgegenzuwirken (siehe S. 123).

Gehört auch dazu: Personaleinsatz einschränken

Manchmal ist es notwendig, die personellen Kapazitäten herunterzufahren. Mittel sind entweder die Arbeitszeitverkürzung, die man in der Regel durch Abbau von Überstunden oder durch Kurzarbeit erreicht. Der zweite Weg ist den Personalbestand zu senken. Das muss nicht immer gezielte

Entlassungen bedeuten; in begrenztem Ausmaß lässt sich Personalabbau auch durch Einstellungssperren, Aufhebungsverträge und vorzeitige Pensionierungen erreichen.

Löhne und Gehälter gestalten

Ein wichtiger Teil der Personalwirtschaft ist die Gestaltung des Arbeitsentgelts, sprich der Löhne und Gehälter, das, was der Arbeitnehmer als materielle Gegenleistung für seine Leistung vom Arbeitgeber bekommt. Die Höhe des Arbeitsentgelts wird entweder kollektiv, durch Tarifvertrag oder Betriebsvereinbarung, oder einzelvertraglich geregelt. Im Arbeitsentgelt können neben einem Grundbetrag Zulagen, Zuschläge, Provisionen oder Gratifikationen enthalten sein.

Lohngerechtigkeit wird angestrebt

Oberstes Prinzip bei der Gestaltung des Arbeitsentgelts ist die Forderung nach einer „gerechten Entlohnung". Eine absolute Lohngerechtigkeit ist allerdings unmöglich, weil es sich dabei um ein mit ökonomischen Methoden nicht lösbares Problem handelt, das von unterschiedlichen Wertvorstellungen bestimmt wird.

Auf die einzelnen Mitarbeiter bezogen kann von „relativer Lohngerechtigkeit" gesprochen werden, wenn das Entgelt eines Arbeitnehmers so gestaltet ist, dass die entlohnten Mitarbeiter es als „gerecht" empfinden. Das wird dann der Fall sein, wenn das Entgelt des Einzelnen in einer vernünftigen Relation zum Arbeitsentgelt seiner Arbeitskollegen steht, die gleiche oder ähnliche Tätigkeiten verrichten. Differenzierungen ergeben sich durch die Berücksichtigung sozialer Faktoren.

Lohnformen: Nach Zeit ...

Das Bemühen um eine „gerechte" Entlohnung hat zu zahlreichen Lohnformen geführt.

Beim Zeitlohn wird nur die aufgewandte Arbeitszeit (z. B. Stunden, Monate) als Bemessungsgrundlage herangezogen. Die Lohnhöhe errechnet sich damit aus dem Produkt der Anzahl der benötigten Zeiteinheiten mit dem jeweils gültigen Lohnsatz. Der Zeitlohn eignet sich vor allem für Tätigkeiten, an die hohe Qualitätsansprüche gestellt werden sowie bei starker Unfallgefährdung oder bei Arbeiten, deren Mengenergebnis durch den Arbeitnehmer nicht beeinflusst werden kann.

Beispiel
Ein Arbeiter hat im Abrechnungszeitraum 40 Stunden gearbeitet. Der Lohnsatz beträgt 20,00 €/Stunde. Sein Zeitlohn beträgt damit:
20,00 € × 40 = 800,00 €

... oder nach Menge

Beim Akkordlohn wird für die geleistete Arbeitsmenge entlohnt, so dass ein unmittelbarer Bezug zur Leistung besteht. Der Akkordlohn besteht aus dem Mindestlohn und dem Akkordzuschlag. Die Summe aus Mindestlohn und Akkordzuschlag wird als Akkordrichtsatz bezeichnet. Nach der rechentechnischen Ermittlung wird zwischen dem Stückakkord und dem Zeitakkord unterschieden.

Beim Stückakkord (Geldakkord) erhält der Arbeitnehmer pro erzeugter Leistungseinheit einen bestimmten Geldbetrag. Dieser Geldsatz richtet sich nach dem über die Arbeitsbewertung ermittelten "normalen" Zeitbedarf. Der Verdienst errechnet sich aus dem Produkt von hergestellter Stückzahl und Geldsatz.

$$\text{Geldsatz} = \text{Akkordrichtsatz} / \text{Leistungseinheiten bei Normalzeit}$$

$$\text{Akkordlohn} = \text{Leistungsmenge} \times \text{Geldsatz}$$

Beispiel
Der Zeitlohn beträgt 20,00 €/St. Der Akkordzuschlag beträgt 20%. Die Vorgabezeit für eine gefertigte Einheit umfasst 10 Minuten. Ein Arbeitnehmer fertigt 8 Einheiten pro Stunde.
Akkordrichtsatz = 20,00 € + 20,00 × 0,2 = 24,00 €
Geldsatz = 24,00 € / 6 = 4,00 €/Stück
Akkordlohn = 8 × 4,00 € = 32,00 €

Beim Zeitakkord wird durch Division des Akkordrichtsatzes pro Stunde ein Geld- oder Minutenfaktor errechnet. Dem Arbeiter wird zur Herstellung einer Leistungseinheit eine bestimmte Vorgabezeit eingeräumt. Der Verdienst ergibt sich aus dem Produkt von Vorgabezeit, Leistungsmenge und Geldfaktor.

$$\text{Akkordlohn} = \text{Leistungsmenge} \times \text{Vorgabezeit} \times \text{Minutenfaktor}$$

Beispiel
Bei den gleichen Größen wie im vorherigen Beispiel ergibt sich:
Minutenfaktor = 24,00 € : 60 = 0,40 €
Akkordlohn = 8 x 10 x 0,40 € = 32,00 €

> ■ Der Zeitakkord hat gegenüber dem Stückakkord den Vorteil, dass die Zeitvorgabe unmittelbar erkennbar ist. Er wird deshalb in der betrieblichen Praxis vorrangig verwendet. ■

Prämienlohn

Der Prämienlohn besteht aus einem Grundlohn, der in der Regel ein Zeitlohn ist, und einer zusätzlich gezahlten Leistungsprämie. Die Basis für die Prämienberechnung können entweder die Leistungsmenge oder andere mengenunabhängige Leistungskomponenten bilden (z. B. Ersparnisse beim Energie- oder Materialverbrauch oder eine niedrige Ausschussquote).

Wie werden Arbeit und Leistung bewertet?

Die Höhe des Arbeitsentgelts eines Arbeitnehmers hängt neben den Einflüssen des externen Arbeitsmarkts von den personenunabhängigen Anforderungen des Arbeitsplatzes (Arbeitsbewertung) sowie seiner individuellen Leistung (Leistungsbewertung) ab.

- Die Arbeitsbewertung ist ein Verfahren zur Ermittlung der Anforderungen, welche die Ausführung bestimmter Tätigkeiten an die Mitarbeiter stellt. Der Arbeitswert bezieht sich in der Regel auf die sog. Normalleistung, d. h. die zu bewertenden Tätigkeiten werden miteinander verglichen, ohne die individuelle Leistung und Eignung des Ausführenden zu berücksichtigen.

- Von den durch die Arbeitsbewertung ermittelten relativen Lohnhöhen gelangt man über sog. Ecklöhne zur endgültigen Festsetzung des Arbeitsentgelts. Der Ecklohn ist ein tarifvertraglich festgelegter Stundenlohn für eine Lohngruppe normaler Facharbeiter, aus dem sich die tariflichen Stundenlöhne für Facharbeiter anderer Lohngruppen durch prozentuale Zu- und Abschläge errechnen lassen.

- Durch die Leistungsbewertung schließlich werden die wechselnden Leistungen der Mitarbeiter erfasst und im Arbeitsentgelt berücksichtigt.

Wie Mitarbeiter beteiligt werden

Mitarbeiter am Unternehmen zu beteiligen kann einerseits bedeuten, sie materiell, am Erfolg und/oder Kapital zu beteiligen. Im weitesten Sinn bedeutet Mitarbeiterbeteiligung aber auch, sie an den unternehmerischen Entscheidungsprozessen teilhaben zu lassen (betriebliche Partnerschaft, s. u.).

Was betriebliche Partnerschaft bedeutet

Als Partnerschaft (Partizipation) wird eine vertraglich festgelegte Form der Kooperation zwischen Unternehmensleitung und Belegschaft bezeichnet, bei der mit den Beteiligten unterschiedliche Formen der Mitwirkung und Mitbestimmung bei gleichzeitiger Mitverantwortung vereinbart werden. Zusätzlich sind die Mitarbeiter materiell beteiligt.

Durch die betriebliche Partnerschaft soll der ausschließlichen Fremdbestimmung der Mitarbeiter entgegengewirkt und ein Höchstmaß an Selbstentfaltung aller Beteiligten ermöglicht werden. Die durch Partnerschaft geschaffenen

Mitwirkungs- und Mitbestimmungsmöglichkeiten der Mitarbeiter treten neben die gesetzlich festgeschriebenen Rechte.

Wie Mitarbeiter am Erfolg beteiligt werden können

Bei der Erfolgsbeteiligung werden die Mitarbeiter planmäßig am Erfolg einer Unternehmung beteiligt. Die Erfolgsanteile werden zusätzlich zum laufenden Arbeitsentgelt gewährt.

Beteiligt werden können Mitarbeiter

- am Gewinn, zum Beispiel an der Ausschüttung, am Substanz- oder Unternehmensgewinn;

- am Ertrag, zum Beispiel am Umsatz, der Wertschöpfung oder dem Nettoertrag;

- an der Leistung, etwa der Produktion, der Produktivität oder der Kostenersparnis.

> ■ *Zwar dominiert in der Praxis die Gewinnbeteiligung, doch wird immer wieder eingewendet, dass sie nicht genügend Leistungsanreiz für die Mitarbeiter bietet, da der Gewinn in starkem Maße von externen Faktoren beeinflusst wird.* ■

Kapitalbeteiligung

Bei der Kapitalbeteiligung werden die Mitarbeiter direkt oder indirekt am Kapital der Unternehmung beteiligt, entweder

- direkt durch das Unternehmen, z. B. durch eine Jubiläumsprämie,

- oder durch Eigenleistungen der Mitarbeiter, z. B. durch Erwerb von Vorzugsaktien,

- oder durch die sog. laboristische Kapitalbeteiligung, wobei die Erfolgs- und Kapitalbeteiligung kombiniert werden: Die Erfolgsanteile der Mitarbeiter werden im Unternehmen angelegt, so dass sich bei positiven Erfolgen ein ständig steigender Kapitalanteil ergibt.

Mit der Mitarbeiterbeteiligung werden unterschiedliche Ziele verfolgt:

- der Abbau des sozialen Konflikts zwischen Arbeitgebern und Arbeitnehmern (sozial-ethische Zielsetzung),

- die Erhaltung unseres Wirtschaftssystems sowie Veränderungen der Einkommensverteilung (gesamtwirtschaftliche Zielsetzung),

- eine gerechtere Entlohnung sowie eine positive Motivation der Mitarbeiter (einzelwirtschaftliche Zielsetzung).

Betriebliche Sozialpolitik

Die betriebliche Sozialpolitik hat die Aufgabe, die staatliche Sozialpolitik zu ergänzen. Weil Sozialleistungen wie Krankenversicherung und Altersversorgung teils vom Staat getragen werden bzw. gesetzlich oder tariflich festgeschrieben sind, bleibt den Betrieben nur noch eine relativ geringe Marge für freiwillige Sozialleistungen.

Das Schwergewicht der betrieblichen Sozialpolitik richtet sich deshalb auf die individuelle Förderung der Leistungsfähigkeit und Leistungsbereitschaft der Mitarbeiter.

Freiwillige Sozialleistungen

Als freiwillige Sozialleistungen werden in Ergänzung zu den gesetzlichen oder tarifvertraglichen Leistungen alle Sozialleistungen angesehen, die auf freiem Entschluss des Arbeitgebers beruhen. Auf sie haben die Arbeitnehmer grundsätzlich keinen Rechtsanspruch.

> ■ Rechtlich sind solche Sozialleistungen freiwillig, tatsächlich besteht jedoch oft ein mittelbarer oder unmittelbarer Zwang, sie den Arbeitnehmern einzuräumen: aus Gründen der Sozialpolitik, der Konkurrenz- oder Arbeitsmarktsituation, wegen der betrieblichen Übung, des Gleichbehandlungsgrundsatzes oder aufgrund einzelvertraglicher Verpflichtungen. ■

Zu den bekanntesten freiwilligen Sozialleistungen zählen:

- betriebliche Altersversorgung,
- Maßnahmen der Mitarbeiterbeteiligung (siehe S. 119),
- Wohnungshilfe, Belegschaftsverpflegung,
- direkte Barzuwendungen (Gratifikationen, Trennungsgeld, Familienhilfe, Darlehen),
- Maßnahmen der Aus- und Weiterbildung.

Die Arbeitsbedingungen gestalten

Als Arbeitsbedingungen im weitesten Sinne werden sämtliche Einflussfaktoren auf die menschliche Arbeitsleistung im Betrieb bezeichnet. Hierzu zählen auch die Höhe und Gestaltung des Arbeitsentgelts sowie das menschliche Umfeld (Führungsstil, Zusammensetzung der Arbeitsgruppen usw.). Die Arbeitsbedingungen im engeren Sinne umfassen die

Gestaltung der Arbeitsplätze und Arbeitsmittel sowie die Regelung der Arbeitszeit.

> ■ *Durch die Arbeitsgestaltung sollen die Bedingungen und Voraussetzungen für ein bestmögliches Zusammenwirken der an der Leistungserstellung beteiligten Personen, Betriebsmittel und Werkstoffe geschaffen werden. Hierfür spielen Erkenntnisse aus der Arbeitswissenschaft und die Arbeitsstrukturierung eine Rolle.* ■

Neuere Formen der Arbeitstrukturierung versuchen vor allem der durch eine starke Arbeitsteilung verursachten Monotonie entgegenzuwirken. Die Arbeitsinhalte werden vielfältiger gestaltet und der Arbeitsumfang vergrößert:

- **Job Enlargement:** Bedeutet eine Erweiterung der Arbeitsinhalte durch Hinzufügen qualitativ gleichwertiger Tätigkeiten. Dadurch entstehen größere Aufgaben, die jedoch von einer Person beherrscht und ohne große Schwierigkeiten erlernt werden können.

- **Job Enrichment:** Bedeutet eine Integration mehrerer unterschiedlich schwieriger, aber sachlich zusammengehörender Verrichtungen zu einem neuen Aufgabenkomplex. Dadurch werden der Initiative und dem Gestaltungsraum des Einzelnen mehr Möglichkeiten im Sinne der Selbstverwirklichung geboten.

- **Job Rotation:** Die Mitglieder einer Arbeitsgruppe wechseln untereinander planmäßig in selbst gewählter oder vorgeschriebener Folge die Arbeitsaufgabe oder die Arbeitsplätze. Das verringert nicht nur die mit einfachen, manuellen Tätigkeiten verbundenen Belastungen, sondern steigert auch die Flexibilität der Beteiligten.

- **Arbeitsgruppen/Teamarbeit:** Es handelt sich um formelle Gruppen, die mit Blick auf die Arbeitsorganisation bewusst gegründet werden. Durch die Zusammenarbeit kommt es zu Synergieeffekten und die Arbeitszufriedenheit steigt. Projektgruppen werden für einen bestimmten Zeitraum zur Durchführung von befristeten Aufgaben gegründet. In so genannten teilautonomen Arbeitsgruppen wird die sonst übliche Fremdbestimmung weitgehend aufgehoben. Komplexe Aufgabenbereiche werden in den Verantwortungsbereich der Gruppe verlagert.

Arbeitszeitregelungen

Arbeitszeit ist die Zeit, die der Arbeitnehmer dem Arbeitgeber zur Nutzung seiner Arbeitskraft gegen Entgelt zur Verfügung stellt. Gerechnet wird vom Beginn der Arbeit bis zu deren Ende abzüglich der Ruhepausen.

Der Arbeitszeitschutz gewährt dem Arbeitnehmer einen vierfachen Schutz: Er setzt die Höchstdauer für die Arbeitszeit fest, regelt die zeitliche Positionierung der Arbeitszeit, schreibt Arbeitspausen und Ruhezeiten vor und beschränkt die Arbeit an Sonn- und Feiertagen.

Arbeitszeit flexibel gestalten

Flexible Arbeitszeiten bedeutet, dass die Arbeitszeiten (der Arbeitnehmer) von den Betriebszeiten entkoppelt werden. So kann nicht nur das Unternehmen seine Mitarbeiter je nach Arbeitsanfall und Kapazitätsauslastung möglichst flexibel einsetzen; auch den individuellen Bedürfnissen der Arbeitnehmer wird damit Rechnung getragen.

- Bei gleitender Arbeitszeit können die Arbeitnehmer innerhalb eines gewissen Spielraums Beginn und Beendigung der Arbeitszeit selbst bestimmen; nur innerhalb der so genannten Kernzeit müssen sie anwesend sein.

- Schichtarbeit ist aus Sicht des Unternehmens die zeitlich versetzte Besetzung eines Arbeitsplatzes mit mehreren Mitarbeitern. Für den Mitarbeiter wechselt damit die Arbeitszeit im Tages- oder Wochenrhythmus.

- Die Telearbeit umfasst Tätigkeiten an einem betriebsexternen Arbeitsplatz, der mit Hilfe moderner Kommunikationstechnologie mit dem Betrieb verbunden ist.

- Job Sharing liegt vor, wenn der Arbeitgeber mit zwei oder mehreren Arbeitnehmern vereinbart, dass sich diese die Arbeitszeit an einem Arbeitsplatz teilen. Dabei sind bei Ausfall eines Arbeitnehmers die anderen in die Arbeitsplatzteilung einbezogenen Arbeitnehmer zu seiner Vertretung nur aufgrund einer für den einzelnen Vertretungsfall geschlossenen Vereinbarung verpflichtet.

Stichwortverzeichnis